KB058550

혼자 잘해주고
상처받지 마라

혼자 잘해주고
상처받지 마라

유은정 지음

Psychology of emotions

서운하고 속상한 마음을 들키지 않으려고
애쓰는 당신을 위한 감정의 심리학

21세기북스

나를 가장 많이
생각하고 위하는 사람은 '나'다

《혼자 잘해주고 상처받지 마라》가 출간된 지 어느덧 7년이 됐다. 그동안 20만 명 이상의 독자가 이 책을 읽고 다양한 감상을 들려 주었다. 책이 나오고 나서 가장 많이 들은 독자의 반응은 "제목부터 바로 내 이야기"라는 말이었다. 당시 SNS에 가장 많이 공유된 구절은 '돌아오는 게 상처뿐이라면 굳이 그 인연을 끌고 갈 필요 없다'였는데, 생각보다 많은 사람이 상처를 받으면서도 관계를 이어가고 있었다는 것을 느낄 수 있었다.

연인이나 친구 관계뿐만 아니다. 혼자 잘해주고 상처받

는 관계가 가족일 때면 더 힘든 경우가 많다. 한 독자는 '엄마와 너무 사이좋게 지낼 필요 없다'는 구절이 특히 위로가 되었다고 한다. 그동안 "너 엄마랑 사이좋게 지내야해. 그렇지 않으면 불효하는 거야"라는 말을 계속 들으며 속박을 받았는데, 이 책이 심리적 자유를 주었다는 것이다.

이 책이 나오기 전에는 모든 사람이 '좋은 관계를 유지하는 법'만 이야기했다. 자신을 희생하거나 남에게 맞추면서 타인에게 좋은 사람이 되는 것이 옳은 일이라고 생각했다. 그러던 때에 스스로를 지키기 위해서 단호하게 관계를 끊어낼 수도 있어야 한다는 말이 많은 독자들에게 신선하게 다가온 듯하다.

처음에는 이러한 '관계의 단절'이라는 메시지에 열광하는 독자들의 반응을 보면서 당황하기도 했다. '아, 이게 아닌데. 단절만이 우리가 찾는 해답은 아닌데. 상처받지 않으면서, 그래도 끝까지 사랑하는 것을 포기해선 안 되는데' 하는 마음이 있었던 것이다. 그 후에 쓴《상처받지 않고 끝까지 사랑하기(규장, 2018)》는 이런 관점으로 나오게 된 책이다.

이 생각은 지금도 마찬가지다. 다만 내가 말하고자 하는 바는 자신이 할 수 있는 만큼, 스스로를 갉아먹지 않을 만큼만 사랑하라는 것이다. 철학자이자 작가 칼릴 지브란은 "관대함은 할 수 있는 것보다 더 많이 주는 것"이라고 했다. 하지만 사람은 많이 주면 줄수록 그만큼 되돌려 받기를 기대하기 마련이다. 누군가에게 상처받는다는 건 나도 모르게 그 사람에게 기대하고 있다는 증거다.

이렇게 생각해보자. 진정한 관대함은 내가 해줄 수 있을 만큼, 감당할 수 있을 만큼, 상대에게 바라지 않을 만큼 해주는 것이다. 관대함은 그 사람의 품격을 나타낸다. 다른 사람에게 먼저 선택할 수 있는 기회를 양보하거나, 사소한 실수는 모른 척해주거나, 스스로의 실수나 어리석음을 용서하고, 타인의 다양한 모습도 있는 그대로 받아들이는 것을 우리는 관대하다고 한다. 이때 무엇보다 중요한 건 '내가 감당할 수 있는 정도'를 지키는 것이다. 그래야만 나를 지키면서 남에게도 진정으로 관대할 수 있다는 사실을 기억하자.

남들 신경 쓰지 말고 나답게 살기

대한민국 사회는 전쟁 직후의 후진국, 경제 개발의 중진국, 그리고 경제 발전을 이룬 선진국을 지내 온 세대가 혼재돼 있다. 이렇게 다양한 배경의 사람들이 한 공간에서 가족이라는 이름으로 살거나, 회사에서 근무 시간을 함께 보낸다. 불편함을 느낄 수밖에 없다.

최근 코로나19로 인해 모든 개인이 사회적 거리두기를 해야 하던 시기가 이어졌다. 쉽게 상처받고 예민한 사람들은 오히려 사회적 거리두기를 선호했는데, 다른 사람과의 경계를 정하는 일이 좀 더 수월했기 때문이다. 상대방과

물리적으로 거리를 둠으로써 심리적으로도 거리를 두는 것이다.

심리적 거리두기는 나에게 상처 주는 사람들에 대한 내 행동의 경계를 정하는 일이다. 나는 나에게 상처 주는 사람들을 변화시키거나 그들이 올바르게 행동하도록 만들 수 없다. 한 사람을 변화시키는 일은 평생 그들의 부모도 하지 못한 일이다. 그렇기에 나를 보호하기 위한 경계가 필요한 것이다. 청년기는 바운더리가 특히 중요한 시기다.

나는 타인에게 상처받아 진료실을 찾는 이들에게 남들 신경 쓰지 말고 나답게 살기를 연습해야 한다고 말한다. 진료실을 찾아온 이들은 누군가에게 상처받은 사람이 많다. 이들은 상처를 입은 건 나인데 왜 내가 정신과 치료를 받고 약까지 먹어야 하느냐고 호소한다. 원래 피해자가 치료를 받는 일이 흔하다. 가해자들은 아무렇지도 않게 살아간다. 계속 그들을 신경 쓰면서 혼자 상처받느니, 나답게 사는 일에 집중하는 게 나에게 훨씬 유리하다.

많은 사람이 자신에게 유리하지 않은 선택을 쉽게 한다. 이 책을 읽는 독자들은 나에게 해로운 상황을 멀리하고 도움이 되는 유리한 선택을 하는 '자기결정권'을 가졌으면 좋겠다. 개인주의는 이기주의가 아니다. 나를 가장 많이 생각하고 위하는 사람은 내가 되어야 한다.

7년 전, 진료실에서 정해진 시간 안에 상담을 마치고 돌아서는 분들의 뒷모습을 보면서 아쉬움을 느껴 블로그에 글을 쓰기 시작했다. 그들이 병원 문을 나서기 전에 한 알의 응급약 같은 메시지를 꼭 쥐여주고 싶은 마음으로 한 자 한 자 적어 내려간 글이 바로 이 책이다. 작가라고 불리기에는 부족한 글솜씨에도, 치료자로서 가졌던 그 갈급한 마음이 독자들에게 가 닿았다면 행복할 것이다. 이 책이 세상에 나올 수 있도록 찾아와준 21세기북스 출판사에도 감사의 마음을 전한다.

책이 출간된 후 북 콘서트를 시작으로 다양한 방송 프로그램과 강연, 인터뷰 등에 출연하며 진료실 밖에서 독자들을 직접 만나는 행운을 얻었다. 글을 쓰거나 방송을 할 때면 심리 전문가로서 내 말과 글이 사람들에게 어떤 영향을 미칠지 늘 생각한다. 부디 이 책을 읽는 모든 분들이 더 단단해진 마음으로 보다 편안하고 건강한 관계를 이루어나가길 바란다.

2023년 봄, 유은정

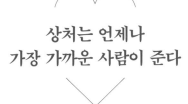

상처는 언제나
가장 가까운 사람이 준다

언젠가 진료실을 찾았던 20대 여성이 기억난다. 어린 시절부터 통통한 몸이 콤플렉스였던 그녀는 살만 빼면 자신의 모든 문제가 해결되리라고 생각했다. 취업이 어려운 것도, 연애가 매번 실패로 끝나는 것도, 교우 관계에 문제가 생기는 것도 단지 자신의 살 때문이라고 생각했다. 그래서 죽어라 다이어트에 매달렸는데, 들이는 노력에 비해 살이 빠지는 속도가 더뎠다.

그녀는 점심을 먹고 친구를 만나도 '이미 밥을 먹었다'라는 말을 하지 못했다. 친구 혼자 점심을 먹게 하는 게 미를 바라지 않는 것은 상대에게 그러한 기대가 없기 때문이다. 그들은 보호하고 배려해야 할 대상이지, 기대고 의지해야 할 대상이 아니다. 이것이 바로 서툴기 그지없는 아이의 편지 한 통에도 감동받는 이유다.

바라는 게 없으면 실망도 없다. 기대가 없으면 상처도 없다. 사람 관계라는 것이 이처럼 단순, 담백하면 얼마나 좋겠는가? 하지만 현실은 그렇지 않다. 그래서 관계에도 연습이 필요한 것이다.

만약 상대에게 아주 작은 대가라도 바란다면 정확하게 무엇을 원하는지 말을 해야 한다. 이해와 배려, 경제적인 어떤 것, 하다못해 따뜻한 말 한마디…… 그 무엇이라도 좋다. 말하지 않으면 상대는 당신이 상처를 받은 사실조차 모른다. 가해자는 없는데 피해자만 있는 상황이 벌어진다. 그러니 능동적인 사람이 되는 것을 두려워하지 마라. 상대가 원하지도 않는데 혼자 잘해주지 마라. 내가 좋아서 베푼 친절이 상대는 물론 나 자신에게 상처로 돌아오게 만들지 마라.

만약 서운한 감정이 들 것 같으면 미리 당신이 원하는 것을 말하라. 그래도 관계는 절대 망가지지 않는다.

타인에게 기대하고 지치기를 반복하는 사람은 결국 언젠가 상처가 곪아 터지기 마련이다. 더 심각해지기 전에 혼자만의 노력을 멈추고 자신에 대해 다시 생각하는 시간을 가져야 한다. 이제 당신은, 당신에게 상처를 주는 관계로부터 자신을 보호할 필요가 있다.

이 책이 관계에 지친 이들에게 완벽한 처방전이 될 수는 없겠지만, 한 알의 비타민 혹은 영양제처럼 곁에 두고 복용하는 심리 캡슐이 되기를 바란다. 상대에게 의존하고 집착하려는 마음, 타인의 평가에 민감하게 반응하는 마음, 모두에게 인정받고 사랑받고 싶은 마음이 들 때마다 들춰보며 조금은 단단해진 마음을 발견하기를.

2016년 가을, 유은정

· 차 례 ·

1장

혼자 잘해주고
상처받지 마라

#관계 #기대 #인정욕구 #자기결정권 #상처

혼자 상처받는 일은
그만할 때도 됐다

당신은 왜 상처를 받을까?

"제가 인생을 잘못 살고 있는 것 같아요."

얼마 전 진료실에서 만난 한 30대 여성의 말이다. 그녀는 그저 좋은 친구, 착한 딸, 멋진 선배, 예의 있는 후배, 능력 있는 동료, 무엇보다 말이 통하는 따뜻한 사람이 되고 싶었다고 한다. 특별한 무언가를 바란 게 아니라, 아무에게도 피해 주지 않는 사람이고 싶었다는 것이다. 하지만 그녀에게 돌아온 것은 상처뿐이었다. 어느덧 주변 사람 모두가 그녀의 희생과 배려를 '당연한 것'으로 받아들이기 시작한 것이다.

그녀의 마음에 생채기를 낸 것은, 자신이 필요할 때만 연락하고 정작 도움이 필요할 때는 외면하는 친구도, 자신의 성과를 깎아내리는 상사도, 자신의 기분과 감정을 무시하는 연인도 아니다. 뚜렷한 원인을 알 수 없는, 서서히 자신의 주변을 감싸고도는 불편한 감정이 문제다.

이런 경우 알 수 없는 서운함과 이유 모를 소외감을 호소하는 경우가 많다. 주변 사람들은 변한 게 없는데 내면의 감정 변화가 시작된 것이다. 이런 현상은 자신의 욕구보다 갈등 없는 관계가 중요한 사람, 그래서 자신과의 소통이 단절된 사람에게서 자주 나타난다.

기대심리의 덫

농부는 밭을 갈 때 힘 좋고 일 잘하는 소가 아니라, 묵묵히 말 잘 듣고 잘 따르는 순한 소에게 쟁기를 맨다고 한다. 젊고 힘이 좋지만 쟁기 끌기를 거부하며 자신의 뜻에 반하는 소와 씨름하느니, 조금 서툴고 느리더라도 말을 잘 듣는 소에게 쟁기를 매는 게 편하기 때문이다.

분란과 갈등이 두려워서 상대방의 요청을 잘 거절하지 못하는가? 단호하게 의견을 이야기하면 버릇없다는 소리를 들을 것 같고, 친절하게 굴지 않으면 미움 받을 것 같다고 생각하는가? 상대에게 부담을 주기 싫어서 부탁도 제대로 하지 못하고, 행여 일에 방해가 될까 싶어 약속 시간조차 마음대로 변경하지 못하는가? '안 된다', '불가능하다', '어렵다'라는 이야기 대신 '최선을 다해보겠다', '가능하게 노력해보겠다', '상사와 논의해보겠다'라고 말하지는 않는가? 자신은 상대를 배려하는 차원에서 매몰차게 이야기를 못하는 것이라고 말하지만 이는 사실이 아니다. 항상 사람들에게 이용만 당하고 중요한 순간엔 소외된다고 말하는 사람 역시 마찬가지다.

본인 스스로 일을 자처해놓고, 혼자 모든 것을 안고 가는 상황을 만들어놓고, 막상 일이 닥치면 혼자 상처받는 일은 그만할 때도 됐다. '나는 상대를 이만큼 생각하고 배려하는데, 왜 그 사람은 내 마음을 조금도 알아주지 않는 거지?',

'왜 나의 친절을 당연한 일로 받아들이는 거지?'라는 생각에 혼자 절망과 좌절, 분노와 소외감에 잠식당하는 행동을 멈춰야만 한다.

분노와 외로움, 소외감과 배신감 등의 감정은 주변의 무관심이 아니라 '내 편이라고 생각했던 사람', '나를 챙겨줄 사람'이라고 기대했던 상대가 외면할 때 생기는 경우가 많다. '내가 이 정도 했으니 상대도 저 정도는 해주겠지'라고 생각하지 마라. 사람의 관계에도 패턴이라는 게 있어서 한 번 취하는 사람은 계속 취하고 빼앗기는 사람은 계속 실하게 된다. 거절이 어렵다면 이것 하나만 기억하라. 당신이 지금 밀어내려고 하는 것은 상대방의 인격이나 그 사람이 아니라 '부당한 상황'과 '어쩔 수 없는 현실'일 뿐이라는 사실을.

상대의 문제를 나의 문제로 혼동하지 마라

개중에는 상대에게 상처를 줄까 봐 말을 돌려 하는 사람

선을 다해왔다. 지금까지 그래왔고, 앞으로도 그럴 것이다. 다른 사람을 배려하고 민폐를 끼치지 않으려는 그 마음은 칭찬받아 마땅하다. 하지만 당신이 그렇게 바라는 인정받는 사람은 칭찬과 비난에도 흔들리지 않고 좋은 일이나 나쁜 일에도 휘둘리지 않으며 자신의 일을 제대로 해내는 사람이다. 책임을 타인에게 전가하지 않고 어떤 위기나 돌발 상황에서도 뛰어난 대처 능력을 보이는 강한 사람이다.

조금은 이기적이어도 괜찮다. 가끔은 상대의 기대를 외면해도 괜찮다. 한 번쯤은 거절해도 괜찮다. 때로는 욕을 먹어도 괜찮다. 지금껏 한없이 친절했던 당신이 조금 변했다고 외면할 사람이라면 지금이 아니라도 언제든 떠날 사람이다.

더는 혼자 잘해주고 상처받지 마라. 상대가 원하지 않는 배려를 베풀고 되돌아오지 않는 친절을 기대하지 말자. 당신은 충분히 행복할 자격이 있는 사람이고 지금보다 더욱 사랑받고 보호받아야 하는 존재다. 그러니 사람이나 관계에 의존하고 집착하기보다는 현상과 문제에 집중하려는 마음을 가지자. '상대의 기분'에 휘둘리는 자신을 발견한다면 '당면한 문제'로 관점을 전환하려는 노력을 기울이자. '상대의 감정'에 맞춰진 관심의 초점을 '나의 감정'으로 되돌리기만 해도 상황에 휘둘리지 않고 자극에 흔들리지 않는 관계 맺기가 가능해진다.

#돌아오는_게_상처뿐이라면_
굳이_그_인연을_끌고_갈_필요_없다

조금은 이기적이어도 괜찮다

자신의 가치를 높이는 법

주말에 친구와 이런 대화를 나눴다.

"은정아! 너는 소원이 뭐야?"

"딱 하루만 은행을 털 수 있는 권리가 있었으면 좋겠어."

그 주에 경제적인 어려움을 호소하는 내담자가 몰린 탓에 나온 대답이었다. 신이 정말 내게 딱 하루만 은행을 털 수 있는 권리를 준다면 방 값부터 생활비, 등록금 문제로 등골이 휘는 청춘들의 손에 큰돈을 쥐어주고 싶었다.《해리 포터》의 작가 조앤 롤링도 '현대 사회에서는 돈이 마법'

이라고 말했다. 경제적인 압박 앞에서는 어떤 위로나 격려도 소용이 없다. 당장 굶주림을 면할 빵을 살 돈이 없는데 어떤 말이 힘이 되겠는가.

우리가 살아가는 데는 유전 같은 생물학적인 요인을 비롯해 사회심리학적인 요인이 많은 영향을 미친다. 대공황, 실업, 조기 퇴직 등으로 겪는 경제적인 압박은 사회심리학적인 요인이다. 대출을 받았는데 이자가 감당할 수 없을 만큼 오르거나 집주인이 하루아침에 월세를 올려달라고 하는 상황을 생각해보자. 만약 그런 상황이 닥치면 다른 문제는 머릿속에서 빛의 속도로 잊히고, 오로지 돈 문제에만 매달리게 된다. 설상가상 부모에게 빚이라도 있다면 자녀들이 느끼는 정신적 스트레스는 상상 이상일 수밖에 없다.

우리 병원에 다니는 30대 여성은 어린 시절 IMF를 겪으며 삶의 기반이 거짓말처럼 무너졌다. 그녀는 오랫동안 그것을 자신의 잘못으로 여기고 스스로를 자책해왔다. IMF는 시스템의 병이고, 내가 조심한다고 예방할 수 없는 문제다. IMF를 겪을 때 그녀는 심지어 학생이었다. 자기 잘못도 아닌데 왜 끊임없이 자신을 비하하고 혐오하는가? 이 같은 자기혐오가 만성화되면, 다른 사람이 자신을 낮춰 대해도 불쾌감을 느끼지 못하게 된다. 막 대해도 되는 사람이 되는 것이다. 당연히 좋은 관계를 갖기도 힘들어진다.

지금 당장 눈앞에 닥친 현실적인 문제를 해결하기 어렵더라도 자기 자신을 함부로 대하는 태도를 갖지 않도록 주의하자. 내 가치를 가장 잘 알고 있는 사람은 바로 나다. 그런 내가 스스로를 가치 없는 존재로 여기고 비하하면, 다른 사람들도 내 가치를 알아주지 않는다. 가끔은 나를 최우선에 두어도 된다. 그 어떤 상황에서도 나 자신을 보호하고, 위로하고, 이해하는 게 최우선이다.

직업이 신분을 의미하지 않는다

다이어트 클리닉의 특성상 20대와 마주하며 대화하는 일이 많은데, 식이요법에 실패하는 원인 중 빼놓을 수 없는 것이 취업 스트레스다. 구직난 속에서 겨우 취업을 해도 미래가 보장되지 않는 계약직으로 사회생활을 이어나가는 경우가 태반이다. 어떤 친구는 "비정규직이나 하려고 힘들게 공부하고 부모님 등골을 휘게 만든 게 아닌데……"라며 한참 울고 가기도 했다.

비정규직이나 계약직이 의미가 있으려면 정규직으로 가는 통로가 있어야 하는데, 지금 우리의 현실은 그렇지 못하다. 청춘은 마음에 골병이 들 수밖에 없고, 나는 항상 이 문제를 어떻게 해결해줄 수 있을까 고민하게 된다. 사회 구조를 아예 개선할 수 있으면 좋겠지만, 그건 내 능력 밖의 일이니 안타까울 뿐이다.

보통 회사들은 채용한 인재가 업무와 잘 맞는지, 회사에 적응은 잘하는지 테스트하기 위해 계약직을 활용한다. 여기서 관점을 바꿔보자. '회사'의 입장이 아닌 '인재'의 입장에서도 계약직 기간은 회사가 자신과 잘 맞는 곳인지, 얼마나 많은 것을 보고 배울 수 있는 곳인지 테스트하는 기간이다. '계약직으로 있는 시간'을 활용할 수 있는 것은 회사뿐만이 아니라는 뜻이다. 무슨 일이든 '당한다'고 생각하면 무기력해지고 기분이 상하지만 주체적으로 '한다'고 생각하면 뜻밖의 가치를 챙길 수 있다.

많은 사람이 계약직, 정규직, 비정규직을 자신의 신분으로 여긴다. 정규직이 아니면 인생이 망한 것처럼 여기는 사람도 있다. 하지만 사회에 나온 대부분의 사람은 계약직을 거친다. 선망의 직업인 의사도 인턴과 레지던트 시기를 겪는다. 아무리 작은 병원이라도 직원들에게 3개월 정도 수습 기간을 거치게 한다.

계약직은 어디까지나 사회로 진출하는 데 필요한 포지션일 뿐이다. 계약직은 한 개인의 '가치' 또는 '존엄성'을 나타내는 말이 아니다. 계약직으로 채용된다고 인생이 계약직인가? 정규직으로 채용된 사람들은 정규직이고? 자아의 가치나 존엄성은 상위 개념이며, 직업은 그것의 하위 개념이다. 이 둘을 같은 층에 놓지 않는 지혜를 가져야만 자존감에 상처를 입지 않을 수 있다.

'내일을 기약할 수 없는 상황'은 인간이라면 누구에게나 공통적으로 주어진 여건이다. 비정규직에서 정규직이 될 수 있듯, 언제든 정규직에서 실업자가 될 수 있는 시대다. 시시각각 변하는 환경에서는 스스로를 함부로 대하지 않는 자세가 가장 중요하다. 당장 정규직이 되는 것보다 훨씬.

지금은 포기할 때가 아니다

부모 세대는 지금처럼 경쟁이 심하지도 않았고, 기회도 적지 않았다. 반면 지금의 청춘은 환경 자체가 부모 세대보다 한참 불리하다. 그렇다 보니 시작하기도 전에 포기하는 사람이 많다. 심지어 칠포 세대라는 말까지 등장했다. 일곱 가지를 포기했다는 의미다. 도대체 무엇을 포기해야 칠포 세대가 될 수 있을까? 인터넷에서 찾아보니 연애, 결혼, 출산, 내 집 마련, 인간관계, 꿈, 희망을 포기하는 것이라고 한다.

왜 시작하기도 전에 포기 뒤에 숨어버리는가? 거부당하기 전에 먼저 거부하는 것은 자존심을 지키기 위해 자존감을 포기하는 어리석은 짓이다. 다재다능한 젊은이들이 "집이 없어서 결혼을 못 해요", "키가 작아서 연애를 못 해요", "취업을 못해서 다른 건 꿈도 못 꿔요" 같은 말을 할 때마다 정말 안타깝다.

"나는 집이 없어서 결혼을 못 해."

"난 빚이 있으니 아이는 안 낳을 거야."

이런 식의 일반화로 자신의 미래를 단절시키지 말자. 부정적인 생각은 뿌리가 깊어 쉽게 없애지도 못할뿐더러 조금만 상황이 안 좋아져도 불쑥 튀어나온다. 스스로 인생에 낙인을 찍고 가능성을 차단할 필요는 없다.

'집이 없어서', '키가 작아서', '취업을 못 해서'라고 항변하는 것은 더 이상 상처받고 싶지 않다는 또 다른 표현이다. '회피'와 '부정'이라는 방어기제를 꺼내들어 불안을 잠재우기 위함이다. 인간의 뇌는 익숙한 것을 좇는다. 좌절과 실망을 자주 경험하면 어느새 '견딜 만한 것', '버틸 만한 것'으로 간주한다. 상황을 돌파할 기회가 와도 불안한 현실에 안주하려 든다. 또 다른 좌절을 경험하는 것보다 불안하고 불편해도 익숙한 환경을 더 편하게 느끼기 때문이다. 부정적인 생각이 불러오는 무기력이 무서운 이유다.

나 자신을 스스로 존중하지 않으면 아무도 나를 존중해주지 않는다. 나 자신을 스스로 귀하게 여기지 않으면 그

누구도 나를 귀하게 여기지 않는다. 지금의 현실에서 벗어나고 싶다면, 조금이라도 다른 삶을 살고 싶다면, 스스로에게 쏘는 비난과 부정의 화살을 멈춰야 한다. 고통은 타인에게 맞는 첫 번째 화살로도 충분하다.

#나_자신을_스스로_존중하지_않으면_
아무도_나를_존중해주지_않는다

남이 원하는 게
원칙이 되게 하지 마라

모두에게 사랑받을 필요는 없다

모든 사람에게 사랑받고 싶은 욕구 때문에, 또는 불편한 상황에 놓이고 싶지 않아서, 좋은 게 좋은 거라며 쉽게 타협하던 사람들은 30대에 접어들어 '좋은 게 나쁜 거였다'는 사실을 깨닫고 혼란에 빠진다.

희생과 양보를 생활의 일부로 받아들이는 사람은 직장생활에서도 궂은일을 도맡아서 하는 일이 많다. 중요한 건 자발적으로 나서놓고 에너지가 소진되어 마무리가 미약하거나, '왜 나만 야근해. 진짜 나 혼자 해야 하는 거야?' 하는 서운한 감정이 든 나머지 회사를 관두는 일까지 발생한다는 것이다. 이것이 좋은 게 나쁘게 끝난 대표적인 사례다.

좋은 마음으로 시작해서 나쁘게 끝나는 이유는 뭘까? 첫 번째는 타인에 대한 원망이다. '왜 나만 해야 되죠? 말이라도 도와준다고 하면 안 되나요?'라고 생각하면 어떤 일도 좋게 마무리할 수가 없다. 스스로 나서놓고 왜 남을 원망하는가? 정말 다른 사람 때문에 그 일을 하겠다고 나섰는가? 인정받고 싶다는 욕구가 있었던 것이 아니라? 두 번째는 착한 사람은 손해만 본다는 생각이 밑바탕에 깔려 있기 때문이다. 왜 남에게 양보하고 배려하면 손해를 본다고 여기는가? 그렇게 생각하면 애초부터 그런 역할을 자처하면 안 된다.

법정 스님도 마지막까지
포기하지 못했던 단 한 가지

'착한 아이 콤플렉스'에 시달리는 사람들은 보통 인정 욕구가 강렬하다. 인정받고 싶다는 욕구 자체가 나쁜 것은 아니다.《무소유》를 쓴 법정 스님도 다른 건 다 포기해도 인정의 욕구만큼은 포기할 수 없다고 고백하지 않았나. 인정 욕구는 그만큼 쉽게 포기할 수 없는 것이다.

그렇다고 '나는 인정 욕구가 강하니 내가 다 뒤집어써야지'라고 생각해서는 안 된다. 거절을 잘 못하는 사람일수록 자기 자신을 지킬 수 있는 선을 만드는 것이 중요하다.

최소한의 안전선을 만들기 위해서는 일단 나의 인정 욕구를 인지하는 것이 중요하다. 인정 욕구를 스스로 아는 것과 모르는 것 사이에는 큰 차이가 존재하기 때문이다. 가령 '인정 욕구 때문에 내가 오버하는 건가?', '굳이 안 해도 되는데 나서는 건가? 이번에는 안 해야겠다'라는 식으로 자기 자신을 제어할 수 있다. 타인이 부당한 요청을 할 때 반사적으로 수락하는 일 역시 없앨 수 있고 말이다.

나 역시 진료실에서는 환자의 기대에 부응해야 하고, 방송에 출연하면 시청자나 방송 관계자의 기대에 부응해야 한다는 인정 욕구에 사로잡힌다. 이런 생각이 강하면 금방 피로해져서 오히려 컨디션이 안 좋아진다. 이 사실을 인지한 후 나는 '진료 시간을 빼먹고 방송에 출연하지 않겠다', '에너지의 비중을 진료에 80퍼센트, 방송에 20퍼센트 정도로 맞춰서 사용하겠다'는 원칙을 세워놓았다. 이런 원칙이 있으면 감정의 소모를 덜고, 일을 효율적으로 잘할 수 있다.

태도를 확실히 하라

종종 주변 사람들에게 이용만 당하고, 거절을 못해서 문제라고 말하는 여성들이 찾아온다. 그럴 때면 나는 착한 사람이었기에 이만큼 인정받고 성공한 거라고 조언한다.

우리나라의 사회환경에서는 타인의 욕구를 맞춰주고자 노력할 때 좋은 사람들과 다양한 기회를 만날 수 있다. 하고 싶은 대로만 하면 아무도 기회를 주지 않는다. 그런 의미에서 본인들도 상대를 배려하면 자신에게도 좋은 평판이 생긴다는 것을 알고 있다고 볼 수 있다. 그 덕분에 착한 아이 콤플렉스를 가진 여성일수록 성공 지향적이고 사회적으로 괜찮은 위치에 놓여 있는 경우가 많다.

착한 아이 콤플렉스를 '고쳐야 할 포지션'이 아니라 '성장에 도움이 되는 포지션'으로 발상을 전환해보면 어떨까? 그게 힘들면 인정 욕구를 줄이고 자신의 욕구를 살피는 쪽으로 태도를 달리하는 것도 방법이다. 어느 쪽이든 태도를 확실하게 정리하라. 둘 중 본인이 원하는 방향을 선택한 후 그에 맞는 행동을 취하는 것이 현명하다.

나는 착한 아이 콤플렉스를 없애기 위해 노력하기보다 오히려 양보와 배려를 특기로 살리라고 권하고 싶다. 양보와 배려가 정신건강에 너무 해롭게 작용되지 않도록 강도나 빈도수를 조절해가면서 말이다. 20년 넘게 착한 사람으로 산 사람이 인정 욕구를 뿌리 뽑는 일은 결코 쉬운 일이 아니다.

관계를 상하지 않게 하는 거절 방법

소위 착한 아이 콤플렉스를 호소하는 사람을 보면 '남이 자신을 이용했다'는 피해의식을 갖는 경우가 많다. 사랑받고 싶은 마음이 크면 자꾸만 남의 부탁을 들어주게 된다. 그게 반복되다 보면 주변에서 모든 일을 "그럼 네가 해라"라고 떠미는 것처럼 느껴진다.

《미움 받을 용기》라는 책에 "불행은 스스로 선택한 것이다"라는 구절이 나온다. 이 구절처럼 착한 아이 콤플렉스의 피해의식은 '스스로 선택한 지나친 선행'이 원인이다. 인정받고 싶은 의지가 다른 사람의 편의가 된 것뿐이랄까. 그러니 관계가 극단으로 치닫지 않도록 부탁을 들어줄 때는 확실하게 들어주고, 거절해야 할 상황에서는 확실하게 거절하라. 거절은 결코 나쁜 것이 아니다. 관계의 균형을 잡기 위해 꼭 필요한 의사표현이다.

평소 오지랖이 넓다는 소리를 자주 듣거나 거절을 못해서 힘들다면 '단호박 데이'를 정하는 것도 방법이다. 그날은 무조건 거절하라는 뜻이 아니라, 그날만이라도 '거절과 수용의 비율'을 정해놓으라는 말이다. 원칙을 세워놓고 실천하면 자존감이 높아진다. 자신의 목소리에 집중했다는 사실이 자존감에 긍정적으로 작용하기 때문이다.

부탁을 들어주지 못한다면 상황을 최대한 간단하게 전

달하되 과대 보상을 하지 않도록 경계하라. 특히 여성은 남성에 비해 '사실만 있는 그대로 전달하는 것'에 대한 두려움이 강하다. 그러나 말을 빙빙 돌린다고 여성스럽고 착한 것이 아니다.

"사실 오늘 약속이 있었는데, 그것도 취소했어요. 그런데 일이 꼬여버려서……."

나쁜 사람처럼 보일까 봐 주저리주저리 변명을 늘어놓는 건 착한 게 아니다. 그러면 상대방이 미안해서 해야 할 말도 못 한다. 상대로 하여금 다음 부탁을 할 수 있는 여지를 주기 위해서라도 거절하는 쪽에서 담백하고 솔직하게 상황을 전달하는 편이 낫다.

#스스로_선택한_지나친_선행에_발목_잡히지_말자

자기결정권을
가져라

마법의 심리 주문

흑인 노숙자였던 카디자 윌리엄스는 어머니와 함께 쓰레기더미에서 성장했지만, 새벽부터 밤늦게까지 공부에만 매달렸다. 사람들은 "노숙자가 무슨 대학이냐?"며 비난했지만, 카디자는 자신감을 잃지 않았다. 그 결과 하버드 대학교는 물론 브라운 대학교, 컬럼비아 대학교 등의 명문 대학교에 합격했다. 카디자의 이야기는 〈LA타임즈〉에 '그녀에게 마침내 하버드라는 집이 생겼다'는 제목으로 실렸다.

카디자 윌리엄스는 '진정한 자존감의 여왕'이다. 그녀는 "노숙자 주제에"라는 말을 가장 많이 들었다고 한다. 이런 말에 상처받지 않았을 리 없는데도 카디자가 유수의 명문 대학교에 합격할 수 있었던 것은 타인이 멋대로 찍은 낙인에 인생을 내주지 않을 만큼 자기 자신에 대한 신뢰가 확고한 덕분이었으리라. 그녀는 부정적인 환경이었음에도 스스로의 의지로 인생을 긍정적인 쪽으로 전환시켰다.

심리학에 조건화Conditioning라는 용어가 있다. 조건화의 핵심은 바로 강화다. 나쁜 주문이든, 좋은 주문이든 반복적으로 주문을 걸면 인생은 자연스럽게 주문이 가리키는 방향으로 향한다. 이것이 강화가 가진 힘이다. 어른들은 환경이 중요하다고 말한다. 좋은 말만 듣고 좋은 것만 보고 자라면 긍정적인 방향으로 인생이 흐르지만, 반대의 경우에는 의도하지 않아도 인생이 부정적인 방향으로 흐른다. 조건화를 이길 만큼 자신을 사랑하긴 쉽지 않다. 그런 점에서 카디자는 정말 위대한 사람이다. 나는 심리학적 관점에서 카디자 윌리엄스에게 별 다섯 개를 주어도 아깝지 않다고 생각한다.

처음에는 내가 습관을 만들지만
나중에는 습관이 나를 만든다

　부정화 사고란 스트레스와 맞닥뜨렸을 때 아무 의심 없이 상황을 부정적으로 해석하는 경향이다. "난 집이 없어서 결혼을 못해", "난 빚이 있으니 아이는 안 낳을 거야"라는 식으로 말한다면 부정화 사고의 영향을 받았다고 볼 수 있다.

　의미 있고 충만한 경험을 했음에도 남의 말 한마디에 그간의 삶을 부정하는 것 역시 부정화 사고에 해당한다. 인지행동치료는 부정화 사고를 없애는 것을 치료 목표로 삼는다. 내담자가 자신도 의식하지 못하는 새에 염려, 불안, 취소처럼 부정적인 생각을 한다면 '그렇지 않다'는 사실을 깨우치도록 돕는 것이다. 혜선 씨도 부정화 사고로 내원한 경우였다.

　"혜선 씨 호주에서 유학했다며? 영작을 이것밖에 못해요! 날라리 유학생이었구나."

　그녀의 상사는 위와 같은 핀잔을 자주 했다.

　"부장님 말씀대로 제 유학생활은 망했어요. 2년이라는

시간을 버린 거죠. 이런 제가 한심해요."

혜선 씨는 상사의 말 한마디에 호주에서 보낸 2년을 무용지물의 시간으로 만들어버렸다. 이렇듯 상황을 백지로 되돌리는 것을 제로베이스Zero Base라고 한다. 제로베이스란 본인이 노력해 일정 성과를 냈음에도 인생의 총합을 내는 시점에서 '0'으로 되돌리는 사고를 말한다. 이러한 사고가 위험한 이유는 그동안의 노력을 부정함으로써 앞으로 나아가는 데 필요한 밑천을 없애기 때문이다.

"영어도 못하는데 유학은 왜 갔는지 모르겠어요."

"취업도 안 되는데 대학은 왜 다녔는지 모르겠어요."

둘 다 제로베이스 사고다. 유학이나 대학생활이 당시에는 80점 이상의 점수를 매길 만한 활동이었음에도 불구하고, 현재 상황이 좋지 않다는 이유로 20점으로 전락시키는 것은 손해도 보통 손해가 아니다.

유학생활과 영어 실력은 별개다. 취업과 대학생활도 마찬가지다. 취업이 안 되는 것은 '현재에 당면한 문제'고, 대학생활은 지금의 나를 구성하는 소중한 과거다. 이 둘은 엄연히 다른 사건이다. 깍두기처럼 별개의 사건으로 정리할 필요가 있다. 부정적 사고를 없애기 위해 '영어는 더 노력하면 되는 거고, 유학하는 동안 많은 경험을 했으니까' 하는 식으로 생각하는 습관을 들이자.

부정화 사고는 한 가지가 망하면 나머지도 망한다고 생각하는 실무율적 반응All-or-None Response과도 연관이 있다. '모 아니면 도'라는 극단적인 사고방식이 실무율적 반응이다. 실무율적 반응은 우울증의 원인이 되기도 하니, 우울해지고 싶은 것이 아니라면 생각을 바꾸자. 생각이 바뀌면 관점이 바뀌고, 관점이 바뀌면 결과도 달라진다. 현재 자신의 상태만 보고 과거의 경험까지 0으로 만드는 사고에 제동을 걸어라. 왜 그렇게 자신을 못 잡아먹어서 안달인가?

인생은 한 방이 아니라 단 한 번이다

엘리베이터에서 원하는 층수를 누르면 자동으로 목적지에 도착할 수 있다. 인생도 마찬가지다. '긍정적 버튼Positive Button, P버튼'을 누르면 긍정의 층으로 가지만, '부정적 버튼

Negative Button, N버튼'을 누르면 부정의 층으로 간다. 그런데 많은 사람이 P버튼보다 N버튼을 더 자주 누른다.

"가는 날이 장날이라고 하더니."

"내 이럴 줄 알았어. 잘 풀리는 게 이상하지."

"열심히 하면 뭐해."

N버튼을 자주 누를수록 스스로에 대한 평가가 야박해짐에도 너무나 많은 사람이 스스로를 부정적으로 묘사한다.

"전 마른 몸매가 아니잖아요!"

원래 표준 체중보다 3, 4kg 더 무거운 몸매가 훨씬 보기 좋다고 말해봐야 소용없다. 제대로 먹지 못하고 깡말라봐야 체력만 떨어질 뿐이다. 건강에 해가 될 만큼 뚱뚱한 것이 아니고서야 튼튼한 여자가 더 낫다.

"저는 불행하려고 태어난 사람 같아요."

정말 그런가? 특별히 '나는 불행하다'고 생각할 만한 경험이 있었는가? 노숙자로 태어난 카디자 윌리엄스도 자신의 삶에 불행이라는 낙인을 찍지 않았다. 우리에게도 딱히 불행한 이유는 없는 것 아닐까?

자기암시는 영향력이 엄청나다. 계속 자신을 비난하다

보면 부정적인 생각이 반복 재생되고, 비난 메시지가 자동화 사고로 이어진다. 이 같은 자동화 사고는 우울증의 뿌리가 된다. 왜 자신을 혐오하고 비난하는가? 당신은 이미 충분히 매력적이다. 삶은 생각하는 대로 굴러간다. 제발 자신에 대한 비난 메시지를 떨쳐내라. 스스로 자기 인생에 낙인을 찍을 필요는 없다. 인생은 '한 방'이 아니라, '단 한 번'이다.

카디자 윌리엄스는 자신에게 주어진 나쁜 환경을 극복하고, 주변 사람들의 나쁜 주문에도 전혀 길들여지지 않았다. 나는 우리나라 여성들도 이런 당당함을 가졌으면 좋겠다. 그런 뜻에서 부정화 사고에서 벗어나는 연습을 지속적으로 해나가기 바란다.

#삶은_생각하는_대로_굴러간다

부당한 대우는
나 자신이 만든 것이다

사랑을 얻기 위해 선택한 자기침묵

당신의 가족 내 포지션은 항상 양보하고 베푸는 기버Giver 인가? 아니면 받기만 하는 테이커Taker인가? 가족일수록 기버와 테이커의 포지션이 고착되는 경향이 짙다. 간식을 사다놓는 사람은 매일 사다놓고, 먹는 사람은 또 먹기만 한다. 베풀고 뒤끝이 생기지 않으면 괜찮은데 내적으로 상처받다 못해 곪아 터진다면 이야기가 달라진다.

가족처럼 배려나 양보가 생략돼도 깨지지 않는 관계일 수록 가족 내 포지션에 대해 고민하는 시간을 가져야 한다. 아무리 헌신해도, 무조건 착한 딸에 대해서는 가족들이 고마워하거나 보답해야겠다고 생각하지 못하기 때문이다.

"엄마! 밥해주고 빨래해줘서 고마워."

"아빠, 돈 벌어오느라 고생 많았어!"

이런 생각을 자주 하지 않는 것과 마찬가지다. 엄마가 밥하고 설거지하는 게 당연하듯, 아빠가 돈을 버는 것이 당연하듯, 당신이 착한 것도 당연한 일이다.

반면 싫고 좋고를 매일 표현하는 딸이라면? 착한 일을 할 때마다 가족들은 고맙다고 표현할 뿐만 아니라 기호를 맞춰주려 노력한다. 이게 사람의 심리다.

'맨날 나만 희생하고, 너무 억울해요'라는 생각이 드는가? 본인이 상황을 그렇게 만든 건 아닌지 고민할 필요가 있다. 가족에게도 욕구를 표현하고, 요구하는 연습이 필요하다. 희생과 침묵만이 선(善)이라는 생각을 버려라. 의사표현을 분명하게 하는 사람에게는 아무리 가족이라도 함부로 대하지 않는다.

'자기침묵'이란 중요한 사람과의 친밀감을 위해 당장의

불편한 감정을 참는 행위를 가리킨다. 남자보다 여자에게서 자주 나타나며, 불편한 감정을 억누르는 일이 욕구를 관철시키는 것보다 우선될 때 발현되곤 한다. 이렇게 얻은 가짜 평화는 감정을 담보로 얻은 것이기 때문에 결코 오래갈 수 없다.

자기침묵으로 일관하는
사람들의 특징

가족과의 갈등으로 내원하는 사람들의 심정을 한마디로 정리하면 '한(恨)'이다. 마음에 한이 가득하니 가족에게 수저 하나도 내주기 싫다는 심정으로 병원에 찾아온다.

"저희 언니는 어렸을 때부터 좋은 건 다 가졌어요. 옷도 신발도 도시락 통도 예쁜 건 다 언니 몫이었죠. 한 번은 양보를 해줄 만도 한데……."

언니에 대한 원망을 털어놓은 경민 씨는 결혼 자금을 두고 언니와 신경전 중이었다. 자매가 같은 해에 결혼하는데,

언니에게 혼수를 해주느라 집안에서 경민 씨에게는 한 푼
도 못해주는 상황이 되었기 때문이다.

반영Reflected이란 내가 한 행동에 대한 상대의 해석이다.
이 해석에 따라서 자신에게 돌아오는 피드백이 선이 되기
도 하고, 악이 되기도 한다. 자신이 취한 행동은 생각도 하
지 않고, 돌아온 피드백이 악이라고 해서 무조건 상대를
비난하는 것은 옳지 않다.

이 같은 관점에서 보면 경민 씨 언니에게는 절반의 책임
밖에 없다. 큰 소리 내는 것이 싫어서 자기침묵만 고수한
경민 씨에게도 절반의 책임이 있다. 산에 올라가서 "야호"
를 외쳐야 돌아오는 메아리도 "야호"가 되는 법이다. 왜 아
무 소리도 내지 않고 "야호"를 들으려고 하는가?

경민 씨는 암묵적으로 가족들에게 '나에겐 그렇게 해도
돼'라는 메시지를 주었다. 그런 패턴이 싫다면 용기라는
망치로 침묵을 깨고 목소리를 내는 훈련을 시작해야 한
다. 처음에는 힘들겠지만 한 번, 두 번 시도하면 목소리를
내도 큰일이 일어나지 않는다는 걸 알게 된다. 설사 가족
이 받아들이지 못해 불편한 감정을 주고받더라도 자신의

욕구를 관철시키는 일이 얼마나 어려운 일인지를 깨닫게 된다.

'지금(이 관계에서) 내가 진정 원하는 것이 무엇인가?'

여기에 대한 답을 내는 동안, 자신이 원하는 것을 알아내는 데도 시간과 노력이 든다는 사실을 체감하게 된다.

경민 씨가 원하는 것이 결혼 자금인가? 아니다. 언니와의 동등한 관심과 대우다. 경민 씨는 부모에게 언니의 결혼만큼 자기 결혼에도 신경을 써달라고 이야기하는 연습을 해야 한다. 그래야만 옆길로 새지 않고 자신의 욕구를 전달해 상대에게 공감과 설득을 얻어낼 수 있다.

어떻게든 원하는 것을 얻어내는 사람을 이기주의자라고 부르곤 한다. 하지만 그들의 감정 노동을 생각하면 크게 욕할 것도 아니다. 남들이 망설일 때 의사표현을 하고, 남들이 하지 않는 투쟁을 하면서 원하는 것을 얻는 것이니까 말이다. 1분 1초 자신을 소진시키니 하나라도 더 갖는 건 어찌 보면 당연한 일이다. 자기침묵으로 일관하는 사람이 사랑받는 것을 목표로 자신의 욕구를 미룬 것처럼, 주장을 펼치는 사람도 선택을 했을 뿐이다.

당신의 인생이 싱거운 이유

어른들은 "요즘 애들은 귀하게 커서 이기적이고 자기주장이 강해"라고 말하곤 한다. 하지만 사실 요즘 젊은 세대는 제대로 이기적일 줄 모른다. 본래 이기심이라고 하면 자신에게 유리한 방향으로 의사결정을 내리는 것을 말하는데, 그들은 자기가 원하는 것을 어떻게 얻어내야 하는지 잘 모르는 경우가 많다. 자신을 우선순위에 두지 않고 타인의 요구에만 맞추느라 자기 욕구를 무시하고 참는다.

착한 딸 콤플렉스를 극복하고 싶다면 이제라도 자신의 욕구를 전하는 연습을 하라. 자기침묵은 상대와의 갈등을 피하기 위해서 사용되는 것이지만, 그것 외에 의사표현의 수단이 없기 때문에 사용되는 것이기도 하다. 예를 들어, 벽에 구멍을 뚫고 싶을 때 내 손에 망치가 들려 있다면 자연스럽게 못을 찾을 것이다. 그러나 벽에 구멍을 내는 것은 드릴로도 쉽게 가능하다. 다양한 의사소통의 도구와 가면을 지니면 상황에 맞는 의사표현으로 자신이 원하는 것을 효율적으로 얻을 수 있다.

20년 넘게 자신의 욕구를 모르고 살았다면, 하루아침에 알아내는 것 또한 쉽지 않은 일이다. 그렇다면 어떻게 하는 것이 좋을까? 예전에 '우표 이론'이라는 것을 접한 적이 있다. 우표 크기의 종이에 메시지를 요약하는 연습을 말한다. 평상시 원하는 바를 종이에 적으면서 생각의 군더더기를 버리고 무의식 안에 있던 '원 욕구'를 떠올리는 방법이다.

나는 오늘 무엇을 먹고 싶은가?	나는 주말을 어떻게 보내고 싶은가?	지금 내가 하고 싶은 것은 무엇인가?

나는 우표보다 사이즈가 큰 포스트잇을 추천한다. 지금 당장 포스트잇을 이용해 욕구 발굴 연습을 해보자. 스스로 정리해야 다른 사람에게도 편하게 전달하는 것이 가능하다.

"오늘 엄마가 저녁에 뭐 해줄까?"

"아무거나."

"네 생일날 어떻게 해줄까?"

"그냥 대충."

이런 대화를 지양하라. 그러니까 인생이 '아무거나', '그냥 대충'이 되는 것이다. 가족 내에서 제대로 대우를 받지 못한다면, 원망에 앞서 욕구를 전달하려는 노력부터 해보자.

#희생과_침묵만이_선이라는_생각을_버려라

나는 나 자신을 보호하고
사랑할 의무가 있다

인생을 건 선택 앞에 놓인 사람들

　성형수술을 받은 사람 중 수술이 정말 필요한 사람은 10퍼센트도 되지 않는다는 연구 보고가 있다. 이런 통계에 근거해 무분별한 성형을 걱정하는 사회적 목소리가 높고 성형수술 자체를 부정적으로 보는 사람도 많지만, 나는 성형에 찬성하는 편이다. 사회가 아름다움을 강요하는 현실에서 외모 콤플렉스를 개인의 병리적인 문제로 몰기에는 다소 무리가 있다고 보기 때문이다. 외모가 뛰어난 사람의 연봉이 더 높다는 연구 결과도 곳곳에서 나오고 있다. '매력 자본'이라는 단어도 심심치 않게 쓰인다. 매력 자본이란 타인이 자신에게 매력을 느끼게 해서 더 많은 돈을 벌 수 있게 만드는 기술을 말한다.

때로는 정신과에서 성형을 권하기도 한다. 성형은 자신의 인생을 변화시키겠다는 결심에서 시작되는, 적극적인 노력의 일환이기 때문이다. 그런 노력은 외모뿐만 아니라 우리 마음에도 영향을 미친다. 1시간 정도 헬스를 한다 치자. 대부분 운동 후 뿌듯함을 느낄 것이다. 자존감은 이 같은 뿌듯함으로부터 자라난다. 정신과에서 성형을 권하는 것도 마찬가지의 맥락이다.

예뻐진 자기 모습을 볼 때 쾌락중추가 자극되어 기분이 좋아지는 것도 성형의 또 다른 효과다. 기분이 좋아지면 세로토닌과 도파민이 분비되는데, 이 신경물질들은 즐거움, 활력, 만족, 행복감과 같은 긍정적인 정서를 유발한다. 그 덕분에 성형을 하면 이전보다 좀 더 당당한 사람처럼 느껴진다.

신체뿐만 아니라 정신적으로도 좀 더 아름다운 사람이 될 수 있는 셈이다. 그러니 성형수술, 하고 싶으면 해라. 다만 성형외과 문을 두드리기 전에 몇 가지만 생각해봤으면 한다.

미용실 방문하듯 거리낌 없이 성형외과를 찾는 시대지만, 그래도 수술대에 오르는 것은 인생을 건 선택이니 말이다.

거부할 수 없는 치명적인 유혹, 강박 그리고 집착

신체이형장애Body Dysmorphic Disorder는 외모에 특별한 결점이 없음에도 심각한 결점이 있다고 여기는 망상성 정신질환이다. 신체이형장애 환자들은 피부의 점이 확대되어 보인다거나 코가 삐뚤어져 보인다고 말하며 자신의 외모를 비하한다. 다른 사람은 그 사람의 얼굴이 그렇다고 전혀 생각하지 않는데 말이다. 그들은 집 밖으로 나가기를 꺼리고, 사람과의 접촉을 기피한다. 이로 인해 학업과 직장 생활을 유지하기 힘들어지면 자살이라는 극단적인 선택을 하는 사람도 있다.

벨기에 루벤 대학병원 연구팀이 코 성형수술을 받기 위해 병원을 찾은 환자 266명을 대상으로 정신 건강 상태를 진단한 바에 따르면, 약 33퍼센트가 신체이형장애 증상을 겨고 있었다. 범위를 좀 더 확대하면 성형외과를 찾는 사람 중 약 10퍼센트, 전 세계 인구의 약 1퍼센트가 신체이형장애를 겪는다.

신체이형장애 환자들의 상당수가 성형외과나 피부과를 찾지만, 수술이나 시술을 통해 궁극적인 만족감을 얻지는 못한다. 실제로 아무런 문제가 없기 때문이다. 멀쩡한 부위를 수술하기 때문에 성형수술 후에 오히려 외모에 대한 불만이 커져 몇 번이나 재수술을 받기도 한다. 만약 지나치게 자주 거울을 들여다보거나, 수시로 성형외과 사이트에 들어가서 정보를 검색하는 등 성형수술을 하기 위해 무엇이든 해야겠다는 생각을 가지고 있다면 자신이 신체이형장애에 해당하는 것은 아닌지 의심해볼 수 있다.

조금은 자유로워지기 위해서, 당신이 직시해야 할 것들

다양한 연령층의 여성이 나이를 불문하고 성형을 원한

다. 표면적인 이유는 외모의 변화지만, 속내를 깊이 들여다보면 그녀들이 진짜 바꾸고 싶은 건 인생이다. 인생을 바꾼다는 것은 두 가지 의미다. 현재보다 나은 미래를 향해 나아가거나 과거로부터 완전히 단절되거나. 큰 틀에서 보면 둘 다 '현재' 자신의 인생을 바꾸고 싶다는 욕구의 작용이지만, 보통 미래보다 과거를 바꾸고 싶어 하는 여성에게 성형에 대한 기대 심리가 크다. 성형한다고 인생이 마법처럼 변하지는 않는데 말이다.

과거를 지우기 위해 성형을 원하는 사람이 찾아오면 나는 이렇게 말한다.

"성형하는 건 좋다. 그러나 당신을 아프게 한 과거도 사랑하는 마음으로 수술대 위로 올라가라. 아픈 시간도 있었지만 행복한 시간도 있었을 것이다. 이 사실을 인정해야 성형을 해도 행복해질 수 있다."

아름다움은 일생에 걸쳐서 형성되는 것이지 성형한다고 일순간에 만들어지는 게 아니다. 마찬가지로 성형으로 과거의 상처에서 완전히 벗어나는 것은 불가능하다. 책장을 찢어내듯 단번에 지우고 싶은 과거일지라도, 이 또한 내

것이라고 인정할 때 우리는 비로소 상처에서 자유로워질
수 있다.

결국 상처는 받는 자의 몫이다

상담실에서 만난 한 20대 여성은 누구나 부러워하는 멋
진 남자와 연애 중임에도 불구하고 늘 불안해하고 초초해
했다. 성형 사실을 알면 남자 친구가 자신을 버릴 것이라
는 생각 때문이었다. 그녀는 결국 연애를 끝내고 나서야
마음의 평온을 찾았다.

쌍꺼풀 수술 후 만나는 사람마다 눈만 쳐다보는 것 같아
대인관계가 두렵다고 한 여성도 있었다. 굳이 이야기하지
않으면 눈치채지 못할 정도로 자연스럽고 예쁜 쌍꺼풀이
었지만, 당사자에게는 그렇지 않았던 모양이다. 그녀는 새
로운 사람을 만날 때마다 성형 커밍아웃을 해야 하는지 말
아야 하는지 고민했다.

성형은 그 자체로 상처가 될 수 있다. 결과와 상관없이,

성형수술을 했다는 사실만으로도 자존감에 상처를 입는 여성이 적지 않다.

"야, 너 되게 예뻐졌다. 쌍꺼풀이 제대로 자리 잡았네?"

"남자들은 만져보면 안다는데. 남자 친구가 아무 말 안해? 가슴 만져보고도?"

성형 후 주변 사람들이 무심코 할 수 있는 말이다. 이런 말이 깊은 상처가 될 것 같다면 성형하지 않는 것을 추천한다.

'성형한 여자는 필연적으로 숨기고 싶은 과거가 생긴다'는 말이 있다. 아무도 묻지 않는데 굳이 "저 성형수술했어요"라고 밝힐 필요는 없지만, 성형해놓고 하지 않은 척 우물쭈물할 필요도 없다. 누군가 성형 여부를 물을 때 망설임 없이 그렇다고 대답할 수 있다면 그까짓 성형, 해도 아무 상관없다. 그런 사람이라면 성형했다는 사실과 자존감이 서로 충돌하며 마음이 괴롭지 않을 테니까 말이다. 어떤 상황에서도 외모 성형보다 자존감 성형이 우선이어야 한다.

스스로와 화해하기

　방송 프로그램 〈렛미인〉과 〈화이트 스완〉에서 외모 콤플렉스로 자존감이 떨어지고 우울한 사람들을 상담한 적이 있다. 이 방송을 하면서 깨달은 점은, 어떤 성형수술도 마음의 성형을 대신할 수는 없다는 것이다. 내가 나를 바라보는 시선이 부정적이라면, 아무리 수술 후 예쁘게 변화했다고 해도 그 변화에 만족하는 기간은 6개월 남짓이다. 성형으로 일시적으로 자존감을 회복하지만 금세 다른 결점과 콤플렉스를 찾아낸다. 외모 변화를 통해 '다 가진 것'처럼 느껴지더라도, 사실은 '예쁜 외모'만 가진 것뿐이다. 그 외의 것을 갖기 위해서는 별도의 노력이 필요하다.

　수술을 통해 아름다운 외모를 가졌다면 원하는 직업을 갖고, 건강한 관계를 맺는 데 필요한 경험과 지식을 쌓아라. 진정한 아름다움은 호감을 불러일으키는 태도, 좋은 습관, 라이프스타일, 커리어 등이 어우러질 때 비로소 완성된다. 성형만으로는 자기만족, 자아실현, 자아성취 등을 이룰 수 없다. 모든 관심과 노력을 성형에만 쏟아붓고 그 밖에 다른 자원에는 관심조차 두지 않는다면 그것이야말로 진정한 의미의 '성형 중독'이다.

성형은 아름다워지기 위한 시작에 불과하다. 뒤이은 노력이 있어야만 인생을 걸고 수술대에 오른 성형의 가치가 빛날 수 있다. 하나 더. 성형으로 자존감을 높이기 전에 자신의 삶을 들여다보고 상처가 있으면 끌어안은 채 소리내어 울어보자. 이 단순한 행위만으로도 많은 치유가 될 것이다. 왜 친구의 고민과 눈물에는 관대하면서, 본인의 상처에는 인색한가? 한 번쯤은 생각해볼 문제다.

#지우고_싶은_과거_또한_내_것이라고_인정할_때_
비로소_상처에서_자유로워질_수_있다

2장

어떤 상황에서도
나 자신을 보호하는 게
먼저다

#자존감 #자기주도 #독립 #존재

웅크린 시간에
대하여

당신이 무기력에 빠진 이유

스물아홉 그리고 서른.

우리나라 여성들은 유독 서른이라는 나이에 집착한다. 서른이라는 단어가 주는 심리적 압박이 굉장히 큰 탓이다. 이른바 '서른 증후군'이다. 서른이 되면 스물아홉에 입던 옷을 입으면 안 될 것 같고, 20대에 고민하던 문제들이 풀리지 않으면 헛산 느낌을 받는다. 모두 서른 증후군에 해당하는 이야기다.

서른 증후군을 앓는 여성은 대부분 자신의 가치에 확신

을 가지지 못하고 불안해한다. 다른 사람이 보기에 충분히 아름답고 능력 있는 여성도 서른 증후군 앞에서는 예외가 없다. 자존감이 낮아졌기 때문이다.

자존감Self Esteem이란 무엇일까? 자기 가치를 스스로 인정하며 자신을 아끼고 존중하는 마음이 바로 자존감이다. 간혹 자존감과 자신감을 혼동하는 사람이 있는데, 이 둘은 전혀 다르다. 자신감이 '나는 잘할 수 있다', 즉 '행위Doing'와 관련된 개념이라면 자존감은 '나는 괜찮은 사람이다'라는 '존재Being'와 관련된 개념이다. 자신감은 넘치지만 자존감이 낮은 사람도 충분히 있을 수 있다.

"나는 자격이 없는 것 같아요."

"나보다 잘난 사람이 얼마나 많은데요."

"다시 태어나고 싶어요."

자존감이 낮은 사람이 많이 하는 말이다. 하지만 꼭 자존감이 낮은 사람이 아니더라도 누구에게나 한 번쯤은 자신이 아무것도 아닌 것처럼 느껴지는 시기가 찾아오기 마련이다.

왜 자신을 바꿔야
사랑받을 수 있다고 생각하는가?

나는 서른다섯이 되던 해, 의사 가운을 벗고 미국으로 갔다. 당시 영어에 서툰 아시아계 여성이었던 나는 스스로가 아무것도 아닌 것처럼 느껴져 괴로웠다. 아직도 그때의 막연함이 선명하다. 그 무렵에는 어떤 정체성도, 소속감도 느끼기 어려웠다. 자신이 무용지물로 느껴졌고, 아무도 비난하거나 보채지 않았음에도 굉장히 조급하고 힘들었다. 당시 지도 교수님은 내게 이렇게 말했다.

"너는 지금 고독의 시간Isolation Period을 보내고 있구나! 고독의 시간은 누구에게나 필요하단다."

그 시간을 견디며 나는 10대 때 확립하지 못한 정체성을 확립했다. '내가 정말 어떤 사람인가?'를 깊이 고민해본 것이다. 그때까지 나는 외향적인 사람인 줄 알았다. 사회가 외향성을 요구했기 때문이다.

내향적이라는 사실을 인정하고, 한국으로 돌아온 뒤 나는 전보다 스스로를 사랑하게 되었다. 나 자신을 제대로 알게 된 덕에 전보다 단단해진 자아 위에 바로 설 수 있었다.

나중에 돌아보니, 그때 나는 기지개를 펴기 위해 한껏 웅크린 상태였다. 그 시간을 잘 보냈기에 지금 이 자리에 있는 셈이다.

세상에 자격이 없는 사람은 아무도 없다. 모두가 자신만의 장점을 가지고 있으니 잘난 사람과 스스로를 비교하며 자격지심에 빠질 필요가 없다.

깊은 침묵이 주는
묵직한 위로

우리는 부모와 이름, 스스로의 모습을 선택할 수 없다. '나 자신'을 내가 선택할 수 없는 셈이다. 내 선택도 마음에 들지 않을 때가 있는데, 선택하지도 않은 내 모습, 주변 환경이 마음에 들긴 참으로 어려운 일이다. 그렇다고 현실을 바꿀 수는 없다. 이럴 때는 어떻게 해야 할까? 좌절하고 포기해야만 하는 것일까? 꼭 그렇지만은 않다. 현실을 바꿀 수는 없지만, 상황을 극복할 수는 있다. 이때 가장 먼저 필요한 것은 상처받은 마음을 달랠 수 있는 '치유의 시간'이다.

힘들고 무기력할 때 모임을 갖거나 사람이 많은 시끌벅적한 장소에 가는 것은 별로 좋은 선택이 아니다. 소음에 노출될수록 점점 예민해지기 때문이다. 자극을 받으면 뇌가 활성화되고, 끊임없이 일하는 모드가 되어 그만큼 피로해진다.

특히 '사람'은 어떤 것보다 센 외부 자극이다. 우리는 타인과 함께 있는 것만으로도 청각, 시각, 촉각 등 다양한 자극에 노출된다. 그러나 혼자 있으면 온갖 자극으로부터 자유로울 수 있고, 마음을 들여다봄으로써 어떤 선택 앞에서든 '내적인 동기'를 찾을 수 있다.

방음벽이 없으면 소음에 그대로 노출된다. 주변이 소란스러우면 내 마음을 들여다보기도 어렵다. 자신이 정말 원하는 것이 무엇인지 깨닫지 못하면 회복도 더딜 수밖에 없다.

이럴 때는 그냥 수면 밑으로 가라앉는 게 좋다. 혼자 있다고 해서 자극으로부터 완전히 해방되는 것은 아니지만, 적어도 '관계가 주는 소음'에선 자유로울 수 있다.

잠수를 타야겠다는 생각이 들면, 친구를 포함해 주변 지인들로부터 고립되지 않도록 먼저 사회 관계망 서비스SNS나 개인 메신저 프로필에 '잠수를 타겠다'고 공지를 올려라. 그래야 지인들도 나를 배려해줄 수 있고, 관계가 흐트러지는 것도 막을 수 있다. 혼자 쉴 시간이 필요할 뿐인데, 다른 사람들과 더 이상 관계를 유지할 의사가 없는 것처럼 보일 필요는 없다.

간혹 "이럴 때일수록 혼자 있으면 안 돼", "살면서 그럴 수 있어"라고 말하며 힘든 시간을 견디는 사람을 수면 위로 끄집어내려는 친구들이 있다. 사람들과 어울릴 때 힘이 나고 회복되는 스타일이 아니라면 단호하게 거절하라. 덧붙여 주변 사람이 웅크린 시간을 갖고자 한다면 꼭 기다려주자. 가끔은 요란한 말보다 깊은 침묵이 더 큰 위로가 된다.

쿨하지 못해도 괜찮다

웅크린 시간은 모든 사람에게 필요하지만, 그런 시간이 가장 필요한 대상은 20~30대. 재수를 하거나 취업이 안 되거나, 실연을 당했거나……. 나는 그중에서도 취업준비생과 신입사원에게 최소 1, 2년까지는 웅크린 시간을 가지라고 말하고 싶다.

"2년이나 잠수를 타라고요? 너무 길지 않나요?"

이렇게 묻고 싶은 사람이 있을지도 모르겠다. 내 말은 2년이라는 시간 동안 방 안에 웅크리고 앉아 나를 알아주지 않는 세상을 원망하며 팔자타령을 하라는 뜻이 아니다. 취업준비생이라면 취업준비 기간에 직장인 친구들을 만나서 소외감을 느낄 필요가 없다. 만약 취업했더라도, 일단 들어가봐야 그곳이 내 자리인지 아닌지 알 수 있다. 취업을 하긴 했는데 '이곳이 내가 있어야 할 곳이구나'라는 확신 대신 '여긴 내 자리가 아니구나'라는 생각이 들면 어쩌겠는가? 2년은 뿌리를 내리는 기간이 아니라 대놓고 시행착오를 겪는 기간이다.

나보다 먼저 취업에 성공했거나 일찌감치 자리 잡아 잘 나가는 친구가 있어서 속상하다면 그때도 잠수를 타라. 속상하고 질투가 나는데 안 그런 척, 쿨한 척하는 일 자체가 스트레스다. 친구의 성공에 질투하는 마음이 들었다고 자책하며 억지로 축하해줄 필요도 없다. 자기 자신을 기만하며 친구들을 축하해주다 보면 자아가 손상될 위험도 있다.

사직서를 낸 사람에게도 웅크린 시간은 필요하다. 경력 단절 여성이 된 미경 씨는 이런 말을 했다.

"4년이나 일한 곳인데 사직서를 낸 후 제 짐이 사라진 책상을 보니 우울했어요. 제가 없어진 상태를 확인하는 기분이랄까요."

뜨거운 송별회도 받았고 동료들과 자주 연락하며 지내지만, 오랜 기간 마음을 쏟은 직장에서 나오는 일이 생각보다 힘들었던 것이다.

사직서를 내면 그때부터 중요한 회의나 미팅에서 제외될 수밖에 없다. 인수인계를 받을 사람이라도 오면 동료들은 물론 협력사 직원들도 새로운 사람에게 관심을 가지기 마련이다. 이때 떠나는 사람은 수면 아래로 가라앉는 기분을 느낀다. 어제까지 '나의 세계'였던 곳에 더 이상 속하지 않는 기분을 느껴봤다면 그게 얼마나 우울한 일인지 알 것이다.

그럴 때는 그곳에서 완전히 빠져나와 자기 자신을 돌아보는 시간을 가져야 한다. 과거의 소속감이 더 이상 나를 괴롭히지 못하도록, 그 감정과 완전히 분리될 때까지 나 자신을 제대로 파악하고 이해해야 한다.

연애하다 헤어지는 것도 회사에서 나오는 것만큼, 어쩌면 그보다 훨씬 더 충격이 큰 일이다. 한때나마 엄마, 아빠보다 더 사랑하던 사람이 한순간에 남보다 못한 존재가 되는데 충격이 없다면 말도 안 되는 소리다. 이럴 때 웅크린 시간을 가지면 몸과 마음의 에너지를 보충함으로써 정신 건강을 지킬 수 있다. 특히 모임 내에서 만나 연애하고, 헤어졌다면 그 모임에는 절대 나가지 마라. 위로를 받고자 나간 자리에서 헤어진 연인과 관련된 소식을 듣게 되면 충격이 배가 될 수 있다.

누구에게나 웅크려야만 견딜 수 있는 시간이 찾아온다.

그럴 때면 견디고 버티자. 터널에 끝이 있듯 힘든 시간도 끝이 있게 마련이다. 스스로를 사랑하려 노력하면서 견디다 보면 분명히 좋은 날이 온다.

#가끔은_요란한_말보다_깊은_침묵이_
더_큰_위로가_된다

우리는 모두 별이다,
반짝일 권리가 있다

시간은 그냥 흘러가지 않는다

나무가 그랬다

정직하게 맞아야 지나간다고

뿌리까지 흔들리며 지나간다고

시간은 그냥 흘러가지 않는다고

이렇게 무언가를 데려가고

다시 무언가를 데려온다고

좋은 때도 나쁜 때도

그냥 그렇게 지나가는 게 아니라고

뼛속까지 새기며 지나가는 거라고

박노해 시인의 시집 《그러니 그대 사라지지 말아라》에 수록된 〈나무가 그랬다〉라는 시의 일부다. 위의 시구처럼 시간은 그냥 흘러가지 않는다. 하지만 아무 생각 없이 흘려보내면 시간에서 가치를 찾아내는 일은 불가능하다. 나이를 먹을수록 시간의 주인이 되는 일이 돈 버는 일만큼 중요하다는 사실을 새삼스럽게 깨닫는데, 그 사실을 다시 한 번 깨우쳐주는 시다.

1분 1초를 무의미하게 흘려보내지 않기 위해서는 혼자만의 시간이 정말 중요하다. 정체성을 확립하고, 자존감을 높이는 데 혼자만의 시간만큼 유용한 것은 없다. 그래서 혼자만의 시간을 잘 활용한다는 것은 자기만의 세계를 잘 구축한다는 의미이기도 하다. 자신이 누구인지 깨달으면 자연스럽게 자기만의 특별한 세계관이 정립되니까 말이다.

자기만의 세계를 가진 사람은 고유의 아우라가 존재한다. 이 같은 아우라는 본인이 의식하고 노력해서 만들어지는 것이 아니라 자기만의 세계를 구축하다 보면 자연스럽게 얻어지는 것이다. 나는 우리 모두 '자신만의 아우라'가 있는 사람이 되었으면 좋겠다. 다른 사람이 쉽게 베낄 수도 없고, 빼앗을 수도 없는 자기만의 세계가 있는 사람 말이다. 지금부터 어떻게 하면 혼자만의 시간을 활용해 자기만의 세계를 만들 수 있는지 알아보자.

빈둥거림의 달콤함을 허락하기

혼자만의 시간을 즐기기로 결정했다면, 가장 먼저 바쁘지 않은 삶에 대한 죄책감을 내려놓아라. 바빠야만 인생을 제대로 사는 것처럼 느껴진다면 이 생각부터 바꿔보자. 바쁜 게 자랑인가? 가끔 바쁜 삶이 정상이지, 매일 바쁜 삶이 정상은 아니다. 우리 뇌와 신체는 그렇게 작동되지 않는다. 매일 게으르면 문제지만 가끔이라면 심신의 균형을 맞춰준다는 측면에서 게으름도 좋은 처방전이 될 수 있다.

멍 때리기도 좋고, 침대 위에서 뒹굴거리는 시간도 좋다.

게으를 권리, 아무것도 안할 권리를 자신에게 선물로 주자. 바빠야만 시간을 효율적으로 쓰는 것이 아니다. 무언가 해야 한다는 압박감에서 벗어나라. 대신 심리적으로 독립하기 위해 노력하자.

특별한 약속이 없을 때, 나는 늘 점심을 혼자 먹는다. 하루 종일 다른 사람의 이야기를 듣는 게 일이다 보니 점심 시간만큼은 혼자 보내야만 몸과 마음의 건강을 유지할 수 있다. 24시간 중 유일하게 혼자 보내는 이 시간은 내게 정말 소중하다. 1시간의 독립인 셈이다. 독립이라고 해서 꼭 집에서 나올 필요는 없다. 심리학 관점에서는 하루에 1시간, 아니 30분이라도 타인과 완전히 분리되면 독립이라고 본다.

심리적으로 독립된 사람들은 타인과 관계를 맺을 때 상대방의 영향력 아래 들어가려 하지 않는다. 다른 사람에게 의존하는 대신 자신의 세계와 타인의 세계를 동시에 인정하며 좀 더 풍부한 관계를 만들어간다. 그런 사람들은 굳이 자신을 드러내지 않아도 다른 사람들에게 호감을 산다. 주변에서 "그 사람 참 괜찮지 않아?"라는 말을 듣는 사람을 떠올려보라. 분명히 자기만의 세계가 있는 사람일 것이다. 영화배우 강동원 씨도 인터뷰에서 이상형을 묻자 이렇게 답했다.

"외모보다 자기만의 세계가 있는 사람이 좋다. 그런 사람들은 고유한 분위기가 있다."

혼자만의 시간을 잘 보내는 사람일수록 누군가와 함께하는 일에도 능숙하다는 사실이 재미있지 않은가?

치유의 시간을 선물하는 법

갓 태어난 아이는 엄마와 자신을 하나의 단일체로 인식한다. 그러다 자라면서 엄마와의 유대감에서 분리되고, 자신이 독립된 개체임을 깨닫는다. 이것을 1차 분리 개별화 과정이라고 한다. 마거릿 마허Margaret S. Maher는 이 과정을 심리적 탄생Psychological Birth이라고 했다. 몸뿐 아니라 심리도 태어난다는 뜻이다. 나는 이 말에 빗대어 심리적인 독립을 2차 분리 개별화 과정이라고 말하고 싶다. 독립적인 자아(내면의 세계)를 지닌 인간으로 다시 태어난다는 의미로 말이다.

성년의 날 장미꽃과 키스를 받았다고 갑자기 성인이 되는 것이 아니듯, 심리적인 독립도 어느 날 갑자기 일어나는 이벤트가 아니다. 심리적인 독립을 하기로 마음먹었다면 10분, 30분, 1시간씩 점진적으로 혼자 있는 시간을 늘리는 것이 좋다. 그래야만 그 시간을 안정적으로 누릴 수 있다. 이 시간은 오로지 '스스로'에게만 집중하라. 서점에 가서 책을 골라도 되고, 쇼핑을 해도 된다. 카페에 혼자 앉아 있는 것도 추천한다. 혼자만의 시간을 즐기는 데 익숙해지면 먼 곳으로도 가보자. 예전에 다니던 대학교 캠퍼스를 가보거나 예쁜 산책로를 검색해 다녀오는 것도 좋다.

따로 시간을 내기가 어렵다면 약속 장소에 30분 먼저 도착하는 것도, 퇴근 시간에 한 정거장 전에 내리는 것도 괜찮다. 하루에 20, 30분만이라도 꼭 자기 자신에게 시간을 내자. 이때 주의력을 흐트러뜨리는 스마트폰은 절대 꺼내면 안 된다. 짧은 시간이라도 꾸준히, 능동적으로 자신에게 시간을 낸다면 자존감 지수가 확 올라갈 것이다.

즐거운 고독, 솔리튜드

　버킷리스트를 적고 실현 방법을 궁리하는 것도 혼자만의 시간을 제대로 즐기는 방법이다. 버킷리스트를 어떻게 정리할지 모르겠다면 원하는 것을 사진으로 찍어서 남기는 것을 추천한다. 소망을 시각화하면 뇌에서 도파민이 생성되어 스트레스가 줄어드는 효과가 있다.

　틈틈이 북촌 한옥마을에 있는 한옥을 사진으로 찍고, 정리하는 지인이 있다. 한옥 집에 사는 것이 꿈이기 때문이다. 그는 사진을 찍고, 정리할 때마다 원하는 대로 이루어질 자신의 미래를 상상하며 성취감을 느꼈을 것이다. 다른 이야기이긴 하지만, 아무리 작은 일이라도 완료하면 만족감을 느낄 수 있다. '한옥에 산다'는 목표는 당장 이루기 어렵지만, '북촌 한옥마을에 가서 내가 살고 싶은 집을 사진으로 찍어온다'는 마음만 먹으면 내일이라도 할 수 있는 일이다. 이처럼 작은 성취를 수시로 경험하면 자존감 향상에 큰 도움이 된다.

　잠수가 외부 자극에서 벗어나 상처를 회복하고 자신에

대해 알아가는 치유의 시간이라면, 혼자만의 시간은 시간을 능동적으로 활용하고 성장의 밑거름으로 삼는 시간이다. 철학에서는 이를 '솔리튜드Solitude'라고 한다. 솔리튜드는 '즐거운 고독'이라는 뜻이다. 즐거운 고독의 시간을 많이 가진 사람은 마음의 부자다. 타인에게 쏠려 있던 관심을 내쪽으로 전환하면서 스스로의 가치를 누구보다 잘 알게 되기 때문이다.

우리는 모두 하나의 별이다. 반짝일 권리가 있다. 하지만 세상에 혼자 빛나는 별은 없다. 모든 별은 다른 행성의 빛을 반사하고 있을 뿐이다. 당신이 더욱 빛나기 위해 그리고 당신이 누군가를 빛나게 하기 위해 혼자 있는 시간은 반드시 필요하다. 다만 그 시간을 어떻게 활용할 것인지는 당신에게 달렸다.

#세상에_혼자_빛나는_별은_없다

나 자신에게
사기 치지 않기

자기합리화에 대처하는 우리의 자세

나는 '선택장애'라는 말이 마음에 들지 않는다. 순간의
선택이 인생을 좌우한다고 생각하면, 어떤 선택에도 신중
해질 수밖에 없으니까 말이다. 그렇다고 신중해지기 위해
남의 말에만 귀 기울이는 것은 반대다. 왜 내 인생의 선택
을 다른 사람에게 맡기는가?

리더십은 기업가나 정치인에게만 필요한 능력이 아니다.
인생 경영에도 필요하다. 일과 삶의 균형, 돈과 시간 관리,
재능 및 관계 관리 등 삶에서 리더십이 요구되지 않는 영

역을 찾기가 어려울 정도다. 그중 '선택하는 용기'는 청춘에게 가장 필요한 리더십이다. 여기서 말하는 선택은 A와 B를 놓고 그중 하나를 결정하는 좁은 개념이 아니다. 인생전체를 이끄는 넓은 개념이다.

올바른 선택을 하려면 먼저 내 마음이 무엇을 원하는지 정확히 파악해야 한다. 생각보다 많은 사람이 자기 마음을 잘 모른다. 사랑을 예로 들어보자. 상대방을 사랑한다고 이야기하면서도 머릿속으로는 '다시 누군가를 만나서 알아가고 맞춰가는 일이 귀찮아'라거나 '이 나이에 어디서 또 누굴 만나'라고 생각한다. 이처럼 마음을 포장하는 것은 '내가 얘랑 헤어지면 다른 남자를 만날 수 있을까?', '결혼 이야기가 오갔는데 헤어지면 타격이 크지 않을까?' 등의 두려움 때문이다.

'제비뽑기'가 당신의 결정에 미치는 영향

우리는 각자 다른 이유로 마음을 겹겹이 포장한다. 때로는 포장된 마음을 진짜 내 마음으로 착각하기도 하지만, 포장은 포장일 뿐이다. 조금만 마음을 들여다보면 포장 아래 본심이 숨어 있다는 사실을 알 수 있다. 그러나 이성만으로 내가 정말 무엇을 원하는지 알아보는 것은 어려운 일이다.

나는 사람들에게 스스로 무엇을 원하는지 정확히 모를 때는 제비뽑기를 해보라고 권한다.

"어떻게 인생의 중요한 결정을 제비뽑기로 해요?"

묻는 사람이 있을 수도 있다. 하지만 제비뽑기는 자신의 본심을 확인할 수 있는 가장 간단하고 직관적인 방법이다. 사람에게만 첫인상이 존재하는 것이 아니다. 선택에도 첫인상이 존재한다. 선택에 대한 첫인상, 이게 바로 본심이다.

나도 전공과목을 선택할 때 제비뽑기를 했다. 당시 나는 안과, 피부과, 정신과라는 세 가지 선택지를 놓고 결정해야 했다. 솔직히 나도 내 마음을 몰랐다. 어른들은 전망 좋은 피부과를 택하라고 하고, 선배들은 돈 잘 버는 안과를 택하라고 했다. 정신과는 아무도 추천하지 않았다.

쪽지에 각 과를 적고 제비를 뽑으니 첫 번째로 피부과가 나왔다. 실망스럽지도 않았으나 크게 기쁘지도 않았다. 나도 모르게 "좋긴 한데 내 옷 같지는 않다"고 중얼거렸다. 이게 내 진심이었던 것이다.

다시 제비를 뽑자 이번에는 정신과가 나왔다. 정신과라는 세 글자를 본 순간 알맞은 온도의 물에 몸을 푹 담근 듯 평온한 감정이 들었다. 진로에 대한 내 감정을 확실하게 알게 된 것이다. 나는 그때의 감정을 아직도 잊지 못한다. 만약 20년 전으로 돌아간다고 해도 나는 같은 선택을 할 것이다.

그때부터 나는 고민스러운 일이 생길 때마다 마음을 들여다보기 위해 제비뽑기를 한다. 제비뽑기는 머리로만 계산하고 고민하는 피상적인 선택법이 아니다. A를 뽑으면 A에 대한, B를 뽑으면 B에 대한 내 마음과 직면하도록 도와준다. 모든 항목에 대해 내 마음을 테스트하는 것. 이것이 제비뽑기가 제공하는 최대 이점이다.

너무 많은 선택 앞에서는 오히려 어떤 것도 선택할 수 없다. 일정한 틀을 갖게 되면 선택 앞에서 자유로워질 수 있는데, 이것이 제비뽑기가 제공하는 두번째 이점이다.

제비뽑기를 할 생각이라면 제비에 구체적인 내용을 명시하는 것이 좋다. 직장생활과 관련된 선택이라면 네 가지 경우를 쪽지에 적을 수 있겠다.

① 당장 회사를 그만두고 싶다.
② 3년 차가 되었을 때 이직하고 싶다.
③ 평생 직장이었으면 좋겠다.
④ 언제든 떠나고 싶지만 지금은 아니다.

쪽지를 뽑고, 펼쳤을 때 느끼는 첫 번째 감정이 선택에 대한 본심at Heart이다. 의미를 갖다 붙이기 전의 진짜 마음 말이다. '3년 차가 되었을 때 이직하고 싶다'가 적힌 쪽지를 뽑았다 치자. '휴! 다행이다. 아직 2년 차니까 1년만 버티자' 이런 생각이 들 수도 있고, '이건 아닌데'라며 당장이라도 떠나고 싶은 감정이 들 수도 있다. 1년만 더 버티면 된다는 생각에 마음이 가벼워질 수도 있고, 빠른 시일 내에 떠나야 한다는 사실을 인지한 다음 앞날을 준비할 수도 있다.

제비를 뽑으라는 것은 절대로 쪽지에서 적힌 대로 하라는 뜻이 아니다. 정말 원하는 것이 무엇인지 인지하라는 뜻이다. 내 마음조차 잘 모르는 상태에서 결정을 하면 A를 선택해도 후회, B를 선택해도 후회가 남는다.

선택과 결정 사이

사주 카페나 점집에 방문하는 일도 본질적으로 제비뽑기와 유사하다. 나는 정신과 의사지만 내담자들에게 점집 방문을 권하기도 한다. 몇 명의 내담자에게 점집 후기를 들으면서 '결국 자신의 생각을 말하는구나!'를 알게 되었기 때문이다. 만약 점쟁이가 열 가지 이야기를 했다면, 내담자들은 그중 스스로 가장 중요하다고 생각되는 내용만 간추려서 전달한다. 점집을 방패 삼아 자신의 목소리를 전달하는 셈이다.

"저더러 올해는 결혼하지 말래요. 일찍 가면 돌아온대요"라고 반복해서 말하는 여성이 있었는데, 그녀는 내심 결혼을 미루고 싶어 했다. 점쟁이는 그녀가 듣고 싶은 말을 해준 것뿐이다. 점집을 방문해 이야기를 듣는 일 역시 제비뽑기처럼 자신이 진짜 원하는 것이 무엇인지 알게 해준다. 제비뽑기도, 사주카페나 점집 방문도 모두 내면의 목소리를 들을 수 있는 좋은 방법이다.

피터 드러커는 "계획이란 미래에 관한 현재의 결정이다"라는 말을 남겼다. 나는 여기서 계획이라는 주어를 '선택'으로 바꾸고 싶다. 즉, 선택이란 미래에 관한 현재의 결정이다. 아무도 다른 사람의 미래를 책임질 수 없다. 내 미래는 내가 선택하고 결정해야만 한다. 이 사실만 잊지 않는다면 내 인생의 리더가 되는 것을 포기할 일은 없을 것이다.

#내가_정말_원하는_것이_무엇인지_인지하라

후천성
의지결핍증후군

상대적 박탈감,
그 참을 수 없는 서글픔

"제 친구는 노느니 대학원이라도 다니라고 부모님이 등록금도 대주는데 저희 부모님은 벌어서 다니래요."

이렇게 말하는 20대와 만나면 나는 묻는다.

"그 친구 말고 다른 친구들도 대학원 등록금을 부모님이 대주나요?"

거의 아래와 같이 대답한다.

"잘사는 집은 유학도 보내주고, 결혼할 때 집도 사주지만 그렇지 못한 친구들이 더 많아요."

주변에 부모에게 차는 물론이고 유학비와 사업 자금까지 지원받는 친구가 있는가? 상대적 박탈감에 억울한가? 그런데 자세히 들여다보면 상대적 박탈감은 보통 비교 대상이 전체가 아니라 부분이다. 왜 잘사는 소수하고만 비교하는가?

영화배우 오드리 헵번은 "사람들이 자신보다 못한 다수보다 처지가 나은 소수하고만 스스로를 비교하며 불행해한다"고 꼬집었다. 부잣집 친구들뿐만 아니라 또래 친구들이 어떻게 사는지 함께 살펴보라. 대부분 자신이 상대적으로 꽤 괜찮은 처지에 있음을 확인할 수 있을 것이다. 소수와 비교해 자기 처지를 비관하는 것은 나쁜 습관이다.

이런 사실을 인지하고 있음에도 상대적 박탈감에 괴롭다면 함께 고민해보자. 도대체 어디까지 경제적인 도움을 받는 것이 옳을까? 기준을 마련하지 않으면 부모를 원망하는 마음만 한없이 키우게 되니 반드시 답을 찾아야 한다. 그러기 위해서는 먼저 결핍의 종류를 파악할 필요가 있다.

결핍에는 크게 두 가지 종류가 있다. 하나는 누구나 받아야 할 기본적인 돌봄Primary care에 대한 결핍이다. 다른 하나는 받으면 좋지만, 받지 못해도 전혀 문제가 되지 않는 2차 지원Secondary care에 대한 결핍이다.

대학원 등록금, 유학비, 사업 자금, 결혼 비용은 2차 지원의 대표 항목들이다. 스스로 책임져야 하는 비용임에도, 현대 사회에서는 부모가 도와주지 않으면 결핍으로 받아들여지는 비용 계정이랄까. 이 같은 비용 계정에 대한 지원을 받지 못했다고 부모를 원망한다면 성인으로서 전혀 자립할 의지가 없다고 말하는 것과 다를 바 없다.

서두르지 말고, 그러나 쉬지도 말고

주식투자 용어 중 손절매Sales Loss라는 것이 있다. 주가 하락을 예상해 소유 주식을 매도하는 의사결정을 가리키는 말이다. 주식 소유의 마감시한을 정해놓고 투자하는 전략으로, 리스크 관리가 목적이다. 욕망을 관리하는 데도 손절매 전략이 필요하다. 고시 병에 걸리지 않으려면 3년 안에 답을 찾으라는 말이 대표적인 손절매의 예다. 데드라인을 정해놓아야만 한 가지 욕망에만 머묾으로써 '다른 가치들'을 놓치지 않을 수 있다.

부모를 원망하는 마음이 있었더라도 서른을 기준으로 달라져야 한다. 서른 전까지는 경제적인 도움을 받을 수도 있지만, 서른 이후부터는 경제적으로 독립하는 것이 맞다. 독립이라고 해서 집에서 나와서 본인 힘으로 살라는 좁은 의미가 아니다. 성인으로서 앞으로 치러나가야 할 비용에 대해 더 이상 부모에게 의지하지 않겠다고 선언하라는 의미다. 현재 부모에게 도움을 받더라도 받지 말아야 할 도움을 더 받고 있다고 생각하라. 그래야 나중에라도 진정한 의미의 홀로서기를 할 수 있고, 비교를 통한 상대적 박탈감에서 자신을 보호할 수 있다. 서른 전후라면 남 탓은 그만해야 할 때다.

결핍의 반대말은 풍요가 아니다. 바로 경험과 성장이다. 자신이 부족한 점이 있다고 인지해야 고치고자 노력하고, 그 과정에서 다양한 경험을 통해 성장할 수 있다. 만약 부모가 모두 지원해주고 실패할 때마다 뒤처리를 해준다면 어떨까? 과연 좋기만 할까? 그 과정에서 배워야 할 백 가지를 놓치게 되는 것은 아닐까?

어른들이 왜 젊을 때 사서 고생하라고 하는 줄 아는가? 인생을 살아가는 밑천이 되기 때문이다. 누구나 집 밖에서 좌절을 경험한다. 인생이 뜻대로 이루어지기만 하는 사람은 아무도 없다. 그러니 미리미리 쓴맛을 경험해야 한다. 내공을 길러야 한다는 소리다. 이 같은 관점에서 나는 결핍이야말로 부모가 자녀에게 주는 최고의 선물이라고 생각한다.

결핍의 심리학

흔히들 개천에서 용 나는 시대는 지나갔다고 이야기한다. 맞는 말이다. 하지만 애초에 불가능하다고 생각하니까 더 불가능해지는 측면도 있지 않을까? 왜 1퍼센트의 확률마저 자신에게 허락하지 않는지 안타까울 뿐이다. 용이 되고자 노력한 사람만이 유능감이나 효용감 같은 심리적인 자원을 획득할 수 있다. 요 근래 '금수저', '흙수저'라는 표현이 인터넷에 난무하는데, 이런 개념을 그대로 받아들이는 것은 위험하다. 날 때부터 모든 게 정해져 있다고 생각하면, 만성적으로 시작하기도 전에 포기하게 될 수 있기 때문이다.

돈 많은 집에서 자란 친구들이 무조건 성공한다는 생각도 틀렸다. 우리 병원에는 사회적으로 성공한 집안의 자녀들이 많이 오는데, 그들은 부모만큼 잘나가지 못한다는 사실에 대한 자책감과 두려움이 상당히 크다. 재벌 2세들의 삶을 다룬 드라마 《상속자들》의 부제 '왕관을 쓰려는 자, 무게를 견뎌라'처럼 그들은 집안의 무게를 견디는 셈이다. 그 일은 생각보다 만만치 않다.

누구의 아들, 아무개의 딸이라는 소리를 듣고 자라는 것은 생각보다 힘든 일이다. 어디를 가나 자기보다 부모의 존재가 앞서니, 부모 이름에 누가 되지 않으려면 이를 악물고 성공해야만 한다. 물론 부모의 기대만큼 성과를 내지 못하는 경우가 허다하다. 그들에게 성공의 반대말은 '실수'나 '경험'이 아니라 '실패'와 '패배'다.

자기가 스스로 이룬 것이 아니면 쉽게 놓을 수 있다. 포기가 쉽다는 말이다. 부모의 지원을 받아 사업을 벌이고, 근사한 곳에서 결혼식을 올린 사람들도 실패한다. 이들은 자기 힘으로 사업을 시작하고 결혼을 준비한 사람들보다 실패했을 때 실의에서 빠져나오기가 힘들다. 주체적으로 시작한 일이 아니기 때문이다. 그러니 맨몸이라는 사실에 대해 불만을 품지 마라. 오히려 축복이라고 생각하라. 결핍이 내게 시련을 견딜 마음의 근육을 길러주었으니 말이다.

그것만으로도 충분하다

누구나 부모가 있다. 이혼을 했어도, 중환자실에 누워있어도, 심지어 세상을 떠났더라도 부모는 존재한다.

이혼한 부모를 두었다 해도 누군가를 탓하지 않았으면 좋겠다. 부모가 이혼했어도 여전히 자녀들을 챙긴다면, 아버지가 은퇴한 후 뒤늦게 어머니가 일을 나가기 시작했다면, 1년 넘게 모여서 식사를 못했어도 가족이라는 이름으로 서로를 걱정한다면, 싸우더라도 화해하면서 살아간다면 그것만으로 충분히 소중하다.

부모에게는 어떤 모습을 보여도 하나 부끄러울 것이 없다. 부모는 돈과 시간을 들이지 않아도, 가면을 쓰면서 노력하지 않아도 공짜로 얻어지는 내 사람들이다. 부모 탓을 하지 마라. 그건 내 인생을 지탱해줄 근간을 흔드는 일이다. 어떠한 자격도, 조건도 요구하지 말고 부모 자체를 수용하고 보듬어라. 그래야 나의 뿌리가 다치지 않을 수 있다.

#결핍은_시련을_견딜_마음의_근육을_길러준다

인생은 원래
깔끔하지 않다

서른 증후군에서 벗어나자

바야흐로 100세 시대다. 부모님 세대에서 서른은 많은 것을 책임져야 했지만, 오늘날의 서른은 앞으로의 인생을 준비하는 기간이다. 서른이 되었다고 해서 일도 자리 잡고, 결혼도 해야 한다는 생각에 시달린다면 이 같은 강박은 잠시 미뤄두자. 현대 사회에서는 적어도 마흔은 되어야 안정적으로 인생의 뿌리를 내릴 수 있다.

삶의 선택이 어느 정도 규격화된 20대와 30대는 상황이 완전히 다르다. 30대 초반은 유학을 갈 수도 있고, 진학을 할 수도 있고, 취업을 할 수도 있고, 결혼을 할 수도 있다. 선택이 다양해지다 보니 많은 30대 여성이 방황 아닌 방황을 한다. 지금부터 지면을 통해 '30대 인생수업'에 대한 몇 가지 팁을 전하고자 한다. 지금은 20대인 여성들도 언젠가는 30대가 될 테니 잘 읽고 기억해두었다가 활용했으면 좋겠다.

'제철 커리어'를 쌓아라

서른부터 서른둘까지의 여성은 20대가 아니지만 20대 대접을 받는다. 결혼한 여성이라면 출산과 직장생활을 병행하며 정신없이 보내겠지만, 싱글이라면 인생에서 가장 행복한 시간을 보내고 있을 확률이 높다. 20대에 비해 생활이 여러모로 나아졌고, 사회생활도 안정되어 자신감이 넘쳐날 때니까 말이다.

이는 곧 딴생각을 하게 될 때라는 뜻이다. 3년 정도 사회생활을 하면 이직에 대한 욕구도 강렬해진다. 특히 20대에 해외에 나간 경험이 있거나 외국어에 능통한 여성들은 '더 늦기 전에 해외로' 병에 걸리기 쉽다.

30대 초반에 해외로 나가고 싶다는 내담자들이 상담을 해오면 나는 '제철 커리어'를 생각하라고 이야기한다. 삶의 전체적인 흐름을 생각지 않고 당장 자신이 하고 싶은 일을 하는 것은, 다른 사람이 그 나이에 경험하는 것을 놓친다는 뜻이기 때문이다. '제철 커리어'의 커리어는 업무 경력만 의미하는 것이 아니다. 생활 전반에 걸친 삶의 경험을 말한다.

진료실에 찾아온 30대 중반의 여성들이 눈물을 흘릴 때마다 나는 안타까움을 금할 수 없다. '30대 초반에 제철 커리어에 삶의 포커스를 두고 움직였다면 지금 같은 후회는 하지 않을 텐데'라는 생각 때문이다. 30대 초반은 많은 것을 할 수 있는 나이지만 그렇다고 목적 없이 모험을 할 나이도 아니다.

더 늦기 전에 하고 싶은 일에 도전하고 싶은가? 그게 막연하게 있어 보이는 선택, 감정적인 선택은 아닌가? 스스로에게 물어보라.

Nowhere? Now here!

30대 중반이 되면 "공부하고 싶다"고 말하는 여성이 많아진다. 경력도 쌓을 만큼 쌓고, 돈과 여유도 생기기 시작했기 때문이다. 나는 이 시기에 공부하는 것을 지지한다. 상황이 허락한다면 유학을 가도 좋다. 대신 한 가지만 명심하자. 마흔이 넘어서도 직장생활을 할 생각이 있다면, 30대 중반은 '공부하기 위해' 회사를 떠나는 타이밍으로 좋지 않다. 실무자로서의 역량은 풍부하나 중간 관리자로서의 경력은 전무한 경우가 많기 때문이다.

서른다섯에 공부를 하기 위해 회사를 떠난다고 치자. 공부를 마치고 회사로 돌아온다면 30대 후반에서 40대 초반이 될 것이다. 이때 회사에서는 실무자보다 관리자로서의 역량을 기대할 것이다. 그런데 관리자로서의 경력이 없다면 육아로 인한 경력 단절과는 또 다른, 새로운 의미의 경력 단절을 경험할 수 있다.

나는 공부하기 위해 회사를 떠나고 싶다고 말하는 사람들에게 항상 묻는다.

"마흔이 넘어서도 직장생활을 할 생각이 있으세요?"

육아나 연구, 강의 또는 창업 등 제3의 길을 모색할 생각이라면 회사를 그만두고 공부를 시작하는 것도 좋다. 그러나 직장생활을 계속할 생각이라면 단지 '공부'를 위해 퇴사하는 것을 말리고 싶다.

대학원이나 유학을 고민하는 여성이 오면 나는 반드시 '목적'을 묻는다. 결혼 시장에서 경쟁력을 높이기 위해서든, 정말 하고 싶은 공부가 있어서든, 네트워크 확장을 위해서든 그 무엇이라도 상관없다. 내 질문의 핵심은 목적이 있는 상태에서 공부를 시작해야 한다는 것이다. 목적 없이 시작하면 결과적으로 남는 것이 없다.

선영 씨는 스펙도 높고 스스로도 무척 열심히 살았다고 자부했지만, 남은 것이 없다며 힘들어하는 내담자였다. 통합된 그림을 그리지 못하고, 하고 싶은 일만 단편적으로 하고 살아온 결과였다. 내담 당시 선영 씨는 아무도 자신을 인정해주지 않는다는 생각에 자존감이 바닥을 뚫고 내려간 상태였다. 삶과 스펙, 노력이 통합되지 않으면 아무리 열심히 살아도 선영 씨처럼 노력의 가치를 인정받지 못할 수 있다.

개업한 병원이 자리를 잡을 무렵, 서른다섯의 나는 모든 것을 정리하고 미국 신학대학원 입학을 결정했다. 주변 사람들의 반응은 하나같이 부정적이었다.

"뉴요커가 되고 싶은 거야?"

"이제 막 병원이 자리 잡았는데 괜찮겠어?"

그때 내가 병원생활이 너무 바빠서 쉬고 싶다거나 정말 '공부'만 하고 싶어서 미국으로 떠나려 했다면, 가지 않는 것이 옳았을 것이다. 당시 나는 미국행으로 잃게 될 것들을 인지하고 있었다.

나는 유학의 목적을 나중에서야 깨달았다. 내가 목사나 선교사가 되고 싶었던 것일까? 신학교를 나오면 당연히 그렇다고 생각하기 쉬운데, 사실 진학 전까지 나는 기독교에 대해 많이 알지 못했다. 내가 신학대학원에 진학한 것은 의과대학을 다니는 내내 뇌와 정신세계만 파고든 탓에 영성과 인문학에 대한 갈망을 느꼈기 때문이다. 내게 신학은 사람을 이해하는 '제3의 눈'을 키워주는 학문이었다. 50, 60대가 되었을 때도 영성 안에서 사람을 치유하겠다는 목표를 위한 선택이기도 했다.

30대 중반은 인생에서 가장 중요한 나이이다. 이 시기의 선택이 이후의 삶을 좌우한다고 해도 과언이 아니다. 이처럼 중요한 시기에 뚜렷한 목표 없이, 치열한 고민 없이 '나는 공부하고 있으니까', '나는 유학 준비 중이니까'라고 생각하며 호시절을 보낸다면 이후의 삶에서 위험 관리에 실패할 확률이 높다. 만약 공부를 시작하고 싶다면 공부하면서 얻고자 하는 목표가 무엇인지 분명히 하자.

#목적_없는_모험은_위험하다

혼자 행복할 수 있어야
둘이어도 행복하다

나이는
결혼의 기준이 아니다

"프로포즈할 때 남자의 마음은 5월이지만, 결혼하고 난 뒤에는 12월이 된다."

영국의 대문호 셰익스피어의 말이다. 이건 여자들도 마찬가지다. 프로포즈 받을 때는 5월 날씨처럼 마음이 화창하고 맑은데, 결혼하고 나면 곧바로 겨울처럼 시리고 추워진다. 결혼생활이라는 '풀타임 직업'을 갖게 되어 심신이 지치기 때문이다. 혼자일 때는 주말마다 늦잠도 자고, 하고 싶은 대로 하고 살았는데 결혼하게 되면 주말이 지옥으로 변한다. 요리도 해야지, 청소도 해야지……. 일터만 바뀔 뿐, 일해야 한다는 사실은 바뀌지 않는다.

그래서일까? 이전처럼 결혼을 못해서 안달복달하는 여성의 모습을 찾아보기 힘들다. '결혼하면 여자가 손해다'라는 인식의 확산도 많은 영향을 미치는 듯하다. 그래도 결혼생활을 누리고 싶다면 계획해보는 건 나쁘지 않다. 단, '서른 전에는 가야 한다'는 식으로 나이를 기준으로 결혼을 계획하지 마라.

모교의 학생들과 함께하는 멘토 프로그램에 강사로 참여한 적이 있는데, 이런 질문이 나왔다.

"어떤 남자와 결혼해야 하나요?"

나는 평소처럼 대답했다.

"남자도 중요하지만, 타이밍도 그만큼 중요해요."

결혼에 대해 생각하면 보통 '대상'에만 신경을 기울인다. 그런데 이는 옳은 태도가 아니다. 결혼은 여자와 남자가 만나서 하는 일인데, 왜 상대방에게만 신경을 쓰는가? 결혼하기 전에 '나'라는 사람이 경제적·심리적으로 얼마나 준비되어 있는지 점검하고 성찰하는 것이 더 중요하지 않을까?

대부분의 여성은 이상형으로 대화가 잘 통하는 사람을 꼽는다. 대화가 통한다는 건 사고의 방향은 물론 능력, 지식수준이 비슷하다는 뜻이다. 이걸 알려면 먼저 자기 자신을 정확하게 파악해야 한다. '남자 보는 안목'은 많은 연애 경험에서 생기는 것이 아니다. 자기 자신을 정확히 파악하는 일에서부터 생긴다.

결혼은 원래 경제적·심리적으로 준비된 상황에서 자신의 격과 맞는 사람과 해야 한다. 여기서 말하는 격이란 경제적 수준만을 의미하지 않는다. 삶의 가치관이나 활동의 양을 가리킨다. 우리는 이것을 '대화가 통하는 사람'이라고 한다.

남자가 운동과 레저를 좋아하면 함께 즐길 수 있는 여성과 만나야 결혼생활이 순탄하다. 운동과 관련해 대화를 나누며 사이가 돈독해지고, 부부싸움을 하더라도 운동하면서 풀 수 있다. 그런데 한쪽은 에너지가 넘쳐서 레저나 음주가무를 좋아하는 반면, 다른 한쪽은 집에 있기만을 좋아한다면? 둘은 비즈니스 미팅처럼 약속하고 만나야 함께 시간을 보낼 수 있게 된다.

결혼생활이 힘들어지는 이유는 도박, 폭력 등 삶의 뿌리를 뒤흔드는 커다란 사건 때문이 아니다. 사소한 문제로 싸우는 일이 많아지고 더 이상 마음의 간극을 메울 수 없을 때 극단적인 선택을 하는 것이다.

스스로를 돌아보자. 다른 사람과 함께 살 수 있을 만큼 인격이 성숙했는가? 놀 만큼 놀았고, 일도 어느 정도 궤도에 올랐다고 판단되는가? 부모로부터의 독립 또는 현실 도피가 목적이 아니라 오롯이 그 사람과 새로운 인생을 헤쳐나갈 준비가 되었는가?

자기 자신에 대해서도 잘 모르는데, 나이가 찼다고 결혼해버리면 나중에 치러야 할 대가가 클 수밖에 없다. 결혼은 절대 나이를 기준으로 하는 것이 아니다.

결혼 적령기가 지난 여성에게 '지금 이 사람과 결혼에 대해 대화해보고 싶다'라는 상대가 나타났다면, '선 상견례, 후 연애'를 권하고 싶다. 먼저 양가 어른에게 인사한 후 연애를 시작하는 것이다. 집으로 찾아가 "결혼을 전제로 만나보겠습니다. 지켜봐주세요"라며 부모의 허락을 구한 뒤 부모와 만나면서 양가의 분위기를 익히는 것이다. 이렇게 하면 상대가 어떤 부모 밑에서 교육을 받으며 자랐는지, 결혼 후 함께 짊어져야 할 짐이 무엇인지, 나는 그것을 감당할 자신이 있는지 등 현실적인 부분을 놓치지 않을 수 있다.

욕망해도 괜찮다

나와 상대에 대해 확신을 갖고 싶다면 다음의 질문을 던져보라.

'자신에게 가장 중요한 욕구는 무엇인가?'

'이 욕구를 어느 정도 채웠는가?'

첫 번째 질문에 대한 답은 모두 다를 것이다. 각자 나름대로 이루고 싶은 욕구와 목표가 다르기 때문이다. 1,000만 원 모으기, 해외여행 하기, 엄마에게 자동차 사주기 등 욕망은 모두 다른 얼굴을 하고 있다. 결혼한다고 해서 채워지지 않은 욕구가 사라지지는 않는다.

결혼했다고 해서 욕구가 사라질 것 같은가? 그렇지 않다. 결혼생활이 불행해지는 이유 중 하나가 바로 '욕구의 장기 보류'다. 여기서부터 부부싸움과 결혼생활에 대한 불만이 시작되는 것이다.

결혼 날짜를 잡아놓고도 싱숭생숭해하는 여성들이 찾아오면 나는 몇 가지 질문을 던짐으로써 진짜 지금 결혼해야 할지에 대해 스스로 깨닫도록 도와준다.

"더 공부하고 싶고 일하고 싶은데 갑자기 결혼하는 건 아니에요?"

"한 남자에게만 헌신할 준비가 되어 있나요?"

"한 남자하고만 잘 수 있어요? 성적인 탐험을 더 하고 싶지는 않나요?"

'진짜 욕구'를 적어도 반 정도는 채우고 나서 결혼식장에 들어가라. 욕망을 반만 채워도 결혼 후 후회나 미련에 발목 잡힐 가능성이 낮아진다.

마지막으로 결혼을 앞둔 여성에게 꼭 하나 당부하고 싶은 것이 있다. 경제적 이득을 얻으려고 하는 등 결혼에 어떤 혜택이 있어야만 한다고 생각하지 말라는 것이다. 결혼은 죽을 때까지 내 곁에 있어줄 가족을 만드는 과정일 뿐이다.

#결혼은_나이를_기준으로_하는_것이_아니다

3장

자신만의 기준을
만들어나가는 법

#다이어트 #겉모습 #스타일 #외모 #자신감

성취를
경험한다는 것

날씬함이 권력이 되는 세상

"요즘 급격하게 살이 쪄서 거울을 보기가 싫어요."

"제가 보기엔 전혀 살이 쪄 보이지 않는걸요."

"아니에요. 친구들 중에서 제가 가장 뚱뚱한걸요. 남들도 다 저를 비웃는 것 같아요."

큰 키에 미인형 얼굴을 가진 선영 씨는 누가 봐도 날씬한 몸매를 가지고 있었지만, 본인은 만족하지 못하고 더 날씬한 친구와 비교하며 무리한 다이어트를 계속하는 내담자다. 선영 씨는 '폭식 후 토하기'를 반복하다 보니 몸무게가 5킬로그램이나 빠졌다고 한다. 건강이 염려되면서도 빠진 몸무게를 보면 다시 폭식 후 토하기를 반복하게 된다고 털어놓았다.

선영 씨처럼 오늘날 많은 여성들이 다이어트 강박과 불안감을 안고 살아간다. 다이어트에 대한 정보를 습관적으로 검색하고 따라하며, 평생 마른 체형을 유지하기 위해 노력하는 것이다. 하지만 무리한 다이어트 방법으로 금세 포기하게 되고, 결국 요요 현상과 체중 증가가 반복된다.

다이어트와 요요가 반복되면 '나는 해도 안 돼'라는 자기 조절감의 결핍이 생겨난다. 결국 정신적인 스트레스, 우울증, 무력감, 자괴감으로 더욱 과식과 폭식에 매달리게 된다. 폭식이나 음식 중독이 시작되는 시점을 살펴보면 다이어트와 스트레스가 주범이라는 사실을 알 수 있다.

일반적으로 폭식증 환자들은 혼자 먹는 것을 선호한다. 음식이 스트레스를 해소해주긴 하지만 자신의 행동, 즉 먹는 행위에 혐오를 느껴 남에게 자신의 '그런 혐오스러운 모습'을 보여주는 것을 싫어한다. 폭식하면서 속이 더부룩해지는 등 복통을 느끼며, 구토를 하면 이런 증상이 없어지지만 '결국 또 먹어버렸어' 하는 자책감으로 우울감에 빠진다.

폭식증으로 내원하는 사람들을 보면 선영 씨처럼 날씬하고 예쁜 여성들이 많다. 폭식증 여성이 다이어트를 하는 진짜 목적은 체중 감량이 아니라, 아름다움이 곧 권력인 세상에서 사랑받고 인정받고 싶은 욕망이 강렬하기 때문이다. 식욕 조절이 전혀 안 되는 사람들은 스트레스, 우울, 짜증, 외로움 등을 달래기 위해 감정적으로 먹고 있는 것이다. 마음이 굶주렸다는 사실을 인식하고 그 원인을 찾아 해결해주어야 한다.

설탕은 나쁜 남자와 같다

음식중독에서 가장 흔한 것이 바로 설탕중독, 즉 탄수화물중독이다. 설탕중독은 한마디로 '나쁜 남자'로 설명된다. 그 사람이 나에게 해로운 것을 알지만, 어느덧 그에게 끌리고 있는 자신을 발견한다. 나도 모르게 그의 치명적인 매력에 중독되어 헤어나오지 못하고, 그가 없으면 쓸쓸하고 허전하기만 하다. 주변에서는 그를 가까이하지 말라고, 그 남자에게 또다시 당하고 싶냐고 말하지만, 남들이 모르는 사이에 나는 그의 전화를 기다리고 그가 없이는 삶의 즐거움을 느끼지 못한다. 중독의 기본 증상인 '갈망과 금단'이 바로 설탕중독과 나쁜 남자의 공통점이다.

단것을 먹지 않아 발생하는 감정 기복 등 정신적 질환을 '슈거 블루스Sugar Blues'라고 한다. 단 음식을 끊으면 손발이 떨리고 산만해지며 우울과 무기력을 느끼는 경우가 있는데, 마치 담배나 마약을 끊었을 때 나타나는 금단현상과 비슷하다. 중독의 또 다른 증상은 바로 내성이다. 우리 몸은 필요로 하는 만큼의 영양분이 들어오면 포만감 신호를 보내서 그만 먹게 하는 조절기능을 가지고 있다. 그런데 단 음식은 뇌의 쾌감 중추를 자극하여 포만감 신호를 무시하고 더 먹게 만든다. 도파민이라는 신경 전달 물질이 분비되어 마치 마약을 복용할 때와 동일한 뇌의 변화가 나타난다.

스트레스가 많은 수험생, 야근이 잦은 직장인 중에는 초

콜릿을 입에 달고 사는 사람이 많다. 두뇌 활동이 증가하면 뇌가 에너지원으로 혈당을 쓰기 때문에 단것에 대한 욕구가 상승하기 때문이다. 하지만 단것에 지나치게 의존하면 당분에 중독되고 심한 경우 정상적인 뇌 활동이 불가능해지며 오히려 저혈당으로 무기력해지는 결과를 일으킨다. '단것을 먹어야 힘이 나고 기분이 좋아진다'는 통념은 틀렸다.

지친 뇌의 신호, 폭식증

먹는 것을 조절하지 못하는 사람들의 특징을 살펴보면, 아이러니하게도 의지가 약한 사람들이 절대 아니다. 오히려 스스로를 정신적으로 압박하고 철저하게 절제하고 싶어 한다. 한마디로 쉴 줄 모른다. 쉴 줄 모르는 사람들의 뇌는 많이 지쳐 있다. 뇌를 스마트폰에 비교하면 엄청나게 고성능으로 만들었는데 배터리가 나가버리는 것과 같다. 지쳐 있는 뇌에서는 세로토닌이나 다른 신경 전달 물질의

불균형이 생기고 감정과 충동조절의 어려움이 생긴다. 이때 심리적인 허기가 일어나고 뱃속에서는 음식이 필요하다고 아우성친다.

식사한 직후에도 배가 자꾸 고프다면 '내가 심심해서 먹게 되는구나', '지금 짜증이 나 있구나', '화가 났구나' 등 여러 가지 감정을 살펴볼 여유를 챙겨야 한다. 단것을 찾는 우리 몸은 어찌 보면 '나 좀 쉬게 해달라'는 외침과도 같다. 이럴 때 필요한 것은 스위치를 끄는 일이다. 식욕 조절 호르몬은 수면과 깊은 연관성이 있기 때문에 밤에는 몸과 정신을 과잉 활동하게 하는 각성 스위치를 끄고 수면 스위치를 켜야 한다.

하늘을 잠시 쳐다보고 자연 속에 가만히 머물러보자. 지친 뇌를 가진 사람은 공감 능력이 떨어지기 때문에 아무리 이야기해도 소통이 안 되고 창조성이 떨어진다. 주변을 돌아보며 잊고 지냈던 지인들에게 선의를 베풀어보자. 단것을 먹는 행동은 겉으로 보이는 빙산의 일각일 뿐이다. 그 행동의 이면에 깔려있는 내면의 상태를 바라볼 줄 알아야 한다.

심리적 허기를 채우는 마음의 식단

직업적으로 최고의 성공을 거둔 전문직 여성도 지나가는 말로 옷차림에 대한 지적을 받으면 하루 종일 기분이 가라앉아 있을 수 있다. 특히 여성은 남의 말에 쉽게 상처받고, 다른 사람과 나를 비교하면서 자신에게 혹독한 점수를 준다. 다른 사람의 말 한마디에 기분이 좌지우지된다면 낮은 자존감에 시달리는 건 아닌지 자기 자신을 되돌아보는 시간을 가져야 한다. 감정을 스스로 잘 관리하고 내 몸과 마음의 욕구에 귀를 기울일 때 자신을 사랑하는 마음이 찾아온다.

모든 중독 치료의 첫걸음은 시인하는 것이다. 음식중독이 될 때까지 자신을 통제하지 못하고 심리적인 허기를 채우기 급급했던 동기, 상황, 외로움, 자존감 결여 등을 솔직하게 인정해야 한다. 자신을 포장하는 여러 가지 타이틀을 벗고 '나는 누구인가?'를 먼저 자신에게 물어보자.

본인을 잘못 정의하니까 거기에 맞춰 거짓된 삶을 살고, 그러한 스트레스로 인해 모든 중독이 시작되는 것이다. 모든 사람에게는 각자 자신만의 색깔이 있다. 있는 그대로의 모습을 받아들이고 존중해야 한다. 타인의 기준에 맞춘 내 모습으로는 어떤 만족감도 있을 수 없다. 자존감이 회복되면 굳이 과도하게 애쓸 필요가 없어진다. 다른 사람들의 이야기에 스트레스 받는 일이 줄어들면서 호르몬 분비 체계가 정상적으로 바뀐다. 결국 음식에 집착하는 것도 없어진다.

일상이 바쁘고 지칠 때, '나는 왜 즐기지 못하는 걸까?'라는 질문을 던져보라. 인생의 성공은 행복감인데도 불구하고 다른 사람들의 눈을 의식하면서 자신에게 야박하게 구는 나를 발견할 수 있을 것이다. 행복은 '그만하면 잘하고 있어'라고 자신을 칭찬하고 다른 사람들과 비교하는 것을 멈추는 것에서 시작한다. 몸에서 필요로 하는 것보다 더 많이 특정 음식을 먹게 된다면 그것은 감정적으로 먹고 있는 것이다. 그 이면에 먹어도 배고픈 '심리적 허기'가 깔려 있다는 것을 기억하라.

#자신을_포장하는_여러_가지_타이틀을_벗어라

지금 이대로도
괜찮다

두 장의 스케치

2013년 화장품 기업 도브가 칸 국제광고제에서 대상을 받았다. '리얼 뷰티 스케치Real Beauty Sketches'라는 캠페인 덕분이었다. 캠페인 내용은 다음과 같다. 몽타주 화가와 실험 참가 여성이 있다. 둘 사이에 커튼이 있어 화가와 여성은 서로의 모습을 볼 수 없다. 몽타주 화가는 여성에게 질문한다.

"당신의 헤어스타일을 말해보세요."

"턱에 대해 말해보세요."

"외모의 큰 특징을 말해보세요."

그러면 여성들은 "저는 턱이 돌출되어 있어요", "주근깨가 심해요", "큰 이마 때문에 걱정이에요"라며 자신의 외모를 설명한다. 화가는 이 설명대로 여성의 몽타주를 그린다. 이것이 첫 번째 스케치다.

그림을 다 그리고 난 뒤, 실험 참여 여성이 나가고 또 다른 참가자가 들어온다. 이때 몽타주 화가는 후속 참가자에게 방금 나간 사람의 외모에 대해서 간략하게 말해달라고 요청한다. 그들은 "방금 나간 여성은 턱이 예뻤어요", "그녀는 예쁜 눈을 가졌어요", "웃는 모습이 예뻐요"라며 자신이 본 대로 묘사한다. 이게 두 번째 스케치다.

실험에 참가한 여성들은 이후 두 장의 스케치를 보며 하나같이 말을 잃었다. 첫 번째 스케치는 우울하고 굳은 인상인 반면, 두 번째 스케치는 밝고 예쁜 모습이었기 때문이다. 부족함은 돋보기로 세밀하게 들여다보면서 자신의 장점이나 매력에는 무관심한 태도가 비단 이 실험에 참가한 여성만의 이야기는 아닐 것이다.

'자아'도 칭찬을 듣고 싶어 한다

어떻게 해야 나의 장점과 매력을 발견할 수 있을까? 먼저 스스로를 객관적으로 바라보는 연습이 필요하다. 스스로를 객관적으로 바라보기 어렵다면 전신 거울을 장만해보자. 전신거울 앞에 서면 자기 상태를 객관적으로 파악할 수 있다. 화장을 고칠 때 쓰는 작은 거울과 달리 표정이 보이기 때문이다. 여자들은 화장을 고치며 하루에 수십 번 거울을 보지만, 표정을 눈여겨보지는 않는다. 나 역시 화장을 고칠 때 눈이면 눈, 입술이면 입술만 뚫어지게 바라보던 사람이었다. 그래서 전신 거울 앞에 서서 처음 내 표정을 바라보았을 때는 정말 낯설었다. 얼굴은 수만 번을 보았지만 표정을 의식하며 바라본 적은 거의 없기 때문이다.

우리 병원에도 전신 거울이 있다. 내담자들이 오가며 달라진 몸과 마음을 한눈에 보게 하기 위해 들여놓은 것이다. 나도 이 거울 앞에서 스스로의 상태를 점검한다. 표정이 어둡다고 생각되면 거울 앞에서 혼자 웃는다. 지쳐 보이는 날에는 "파이팅!" 하고 외치기도 한다. 전신 거울이 나에게도 긍정적인 역할을 하는 셈이다. 우스갯소리로 패션의 완성은 얼굴이라고 하지만, 나는 그렇게 생각하지 않는다. 나는 그날의 의상과 어울리는 표정이 패션을 완성한다고 생각한다. 사람의 인상에 가장 큰 영향을 미치는 것은 얼굴이 아니라 표정이다. 이목구비는 예쁘지만 우울해 보이고 자신감이 없는 사람보다 밝고 건강한 인상을 가진 사람과 시간을 보내고 싶지 않은가?

전신 거울 앞에 서서 표정을 살피고, 스스로를 객관적으로 파악하려 노력하다 보면 도브 캠페인에 등장한 첫 번째 스케치는 물론 두 번째 스케치의 모습도 있다는 사실을 깨닫게 된다. 살아가는 동안 두 번째 스케치는 보지 못한 채, 첫 번째 스케치의 모습으로만 살아간다면 얼마나 억울한 일이겠는가. 그럼 어떻게 해야 두 번째 모습을 좀 더 부각시킬 수 있을까?

장점은 크게 보고 단점은 작게 보는 심리를 자기 고양적 편향Self-Serving Bias이라고 한다. 이것을 이용해 긍정의 주문을 외워보라. 거울을 보면서 하면 더 좋다.

"나는 키는 작지만 비율이 좋잖아. 오늘은 여기에 초점을 맞춰서 옷을 입어야겠어."

"난 눈웃음이 장점이니까 되도록 많이 웃어야지."

"직장생활에 찌들어 생기를 잃어가네. 그래도 점점 성장하고 있어."

말로만 하는 사랑은 사랑이 아니다. 자신에 대한 사랑도 마찬가지다. 다른 사람들은 칭찬하면서 정작 나 자신을 무시한다면 그것만큼 슬픈 일이 어디 있겠는가. 내 자아도 칭찬을 듣고 싶어 한다. 장점을 들려주며 자신을 칭찬하는 시간을 갖자. 그러다 보면 점점 내 매력이 더 큰 힘을 발휘할 것이다.

이때 간과해서는 안 되는 것이 하나 있다. 나 자신을 객관적으로 바라보는 데 마음의 건강만큼 몸의 건강도 중요하다는 사실이다.

몸을 움직이면 마음이 웃는다

전신 거울 앞에서 운동을 하는 것도 자기의 매력을 찾는 좋은 방법이다. 몸과 마음은 분리되어 있지 않다. 아파서 마음대로 움직일 수 없을 때 우울한 것도 몸과 마음이 연결되어 있다는 신호다. 우울하다면 무조건 몸을 움직여라. 우울증은 '정신질환'이 아니라 '전신질환'이기 때문에 무작정 움직이는 것으로도 증세가 좋아진다. 시간 내서 운동할 형편이 안 된다면 스트레칭이라도 꾸준히 해보자. 일주일만 스트레칭을 해도 몸이 가벼워지는 것을 느낄 것이다.

운동이나 스트레칭을 할 때 중요한 점은 꼭 거울 앞에서 하라는 것이다. 팔을 뻗고, 등을 굽히고, 다리를 펴는 과정에서 어떤 신체 변화가 일어나는지 보는 것으로도 치유 효과가 있다. 거울을 통해 몸을 보는 것만으로도 지금껏 경험하지 못한 '자기애'를 체험할 수 있다.

#다른_사람은_칭찬하면서_왜_나_자신은_무시하는가?

옷장에는
주인의 자존감이 걸려 있다

당신의 옷차림이 말하는 것

1년 이상 우리 병원에 다니는 여성들 같은 경우 자연스럽게 사계절의 옷차림을 보게 되는데, 상태가 호전되는 사람일수록 계절에 관계없이 옷이 다채롭게 바뀐다. 옷을 통해서 자신을 드러낸다는 것은 내담자의 정서가 건강해지고 있다는 신호다. 그래서 나는 내담자의 감정 날씨를 알아보는 데 옷차림을 단서로 활용하곤 한다.

'상의가 바뀌지 않는 걸 보니 만사가 귀찮구나.'

'점점 컬러가 밝아지네. 나아지고 있구나.'

세상에 '그냥' 옷을 사는 사람은 없다. 충동구매라 할지라도 틀림없이 구매의 이유가 있다. 기분이 좋아서 화사한 원피스를 샀는데, 다음 날은 살찐 체형을 탓하며 검은색 정장을 사는 식이다. 옷에는 하나같이 사연과 감정이 실려 있다. 열 벌의 옷을 두고 점검했을 때, 기분이 좋을 때 산 옷이 많다면 자존감이 평균 이상인 사람이다. 반대라면 스트레스 요인을 찾아 관리를 시작해야 한다.

지금 당장 옷장을 열어보자. 체형을 감추는 옷이 많은가, 몸매를 드러내는 옷이 많은가? 밝은 옷이 많은가, 무채색 계열이 많은가? 기분이 좋을 때 구입한 옷과 흐릴 때 구입한 옷의 개수를 비교해보라. 그러면 평소 자신이 어떤 상태일 때 쇼핑을 하는지 파악할 수 있다.

옷장 속에 숨겨진 현실과 이상의 간격

일단 옷장을 열었다면 두 가지를 추가로 확인해보라. 첫째, 한 번도 입고 나간 적이 없는 옷이 몇 벌인가? 구입할 때는 예뻐 보였는데 집에 와서 보니 별로라는 생각이 들어 처박아놓은 옷도 있지만, 마음먹고 샀는데 막상 입고 나가려니 엄두가 나지 않는 옷도 있을 것이다. 후자에 해당하는 이유로 '모셔진' 옷이 많다면 그 사람은 '현실과 이상의 간격'이 큰 사람이다. 희진 씨도 그런 경우였다.

희진 씨는 옷이 많음에도 매번 회색 트레이닝복만 입고 병원에 왔다. 트레이닝복은 그녀가 현재가 아닌 과거에 살고 있다는 사실을 암시한다.

"어울리지 않는 옷을 입고 나가면 사람들이 쳐다볼 것 같아서 예쁜 옷은 집에서만 입어요."

희진 씨는 이렇게 말하며 구매한 옷을 입고 나가지 않는 이유로 자신의 소심한 성격을 들었지만, 그보다 더 큰 요인은 현실과 이상의 간격이었다.

그녀가 옷장에 모셔둔 옷은 주로 고가의 브랜드에서 구매한 옷들이었다. 이것은 아버지 사업이 망하기 전, 즉 유복했던 유년 시절에서 헤어나오지 못한 그녀의 자아를 상징한다. 희진 씨는 옷뿐만 아니라 음식, 여행, 일상의 모든 면에서 유년 시절의 생활수준을 기준으로 과소비하는 경향이 있었다. 그러다 카드 값 때문에 경제적인 어려움에 처하면 우울증이 심해져 병원을 찾았다. 지금 나의 옷장도 희진 씨와 같다면, 어떻게 현실과 이상의 간격을 극복할지 고민해보자. 이 간격을 극복해야만 있는 그대로의 자신을 사랑할 수 있다.

투명인간이 되지 마라

옷차림을 고민하는 일이 쓸데없고 사소해 보이는가? 절대 그렇지 않다.

'환절기니 카디건 챙겨야지.'

'주말에 결혼식이 있는데 원피스 한 벌 사야겠다.'

시간, 장소, 상황에 적절한 의상을 선택하는 사람은 심리적으로 건강한 사람이다. 심하게 무기력하고 우울한 날, 머리 감을 힘조차 나지 않았던 경험이 있다면 쉽게 이해할 수 있을 것이다. 어떤 옷을 입을지 고민할 에너지만 갖고 있어도 충분히 건강한 삶이다.

많은 여성이 쇼핑할 때 동성 친구가 필요하다고 말한다. 요즘은 30대 중후반의 여성들도 혼자서 옷을 고르고, 구매하는 일을 버거워하곤 한다. 취업 스펙을 쌓고, 일에 열중하느라 자기 인생을 선택해보지 못한 채 서른이라는 문턱을 넘었기 때문이다. 하지만 내가 입을 옷 정도는 혼자 살 수 있어야 한다. 내가 선택하지 않으면 남이 나 대신 선택하게 된다. 이런 경험이 반복되면 점점 더 주체적으로 선택하지 못하고, 타인에게 선택권을 넘기는 것을 편하게 여기게 된다. 이는 다른 사람에게 종속되는 결과를 낳는다. 그러니 이제라도 내 옷은 직접 골라보자. 지금 하지 않으면 언제 할지 모른다.

자신만의 스타일이 있는 사람들

패션 디자이너 이브 생 로랑은 이렇게 말했다.

"패션은 변하지만 스타일은 사라지지 않는다."

이 말에서 짐작할 수 있듯이, 패션과 스타일은 같은 개념이 아니다. 패션은 옷, 가방, 액세서리처럼 '물리적인' 것들을 통칭하는 개념인데 비해 스타일은 육체적인 미부터 감정, 영성까지 아우르는 개념이다. 패션은 예뻐진 외모나 몸매를 일컫고, 스타일은 내·외적인 아름다움을 합해서 말한다고도 할 수 있겠다.

자신만의 스타일을 가진다는 것은 육체적인 미부터 지식, 감성까지 모두 조화를 이루고 있다는 뜻이다. 그러기 위해서는 자신이 어떤 상태일 때 빛나는지에 대한 경험과 지식이 필요하다. 자신에 대한 종합적인 이해가 바탕이 되지 않으면 스타일 구축은 지상과제로 남을 수밖에 없다. 결코 쉬운 일이 아니지만, 기억하라! 일정 기간에만 유용한 패션을 지닌 여자보다 세월이 흐를수록 돋보이는 스타일을 가진 여자가 되어야 한다.

#시간_장소_상황에_적절한_의상을_스스로_선택하라

작은 순간을 다 써버리자,
그것은 곧 사라질 테니

아무리 추구해도
지나치지 않은 단 하나, 행복

　하버드 대학교에는 매년 수강생이 만원인 '행복학'이라는 강의가 있다. 사람들이 행복을 얼마나 중요하게 생각하는지 알 수 있는 대목이다. 그럼에도 불구하고 현대 사회의 많은 사람이 마치 행복하지 않기로 결심한 사람처럼 현재를 즐기지 못한다.

　행복이란 과연 무엇일까? 내 생각에, 행복이란 살아 있음을 즐기는 힘이다. 행복해지기 위해서는 매 순간 살아

있음에 감사하는 여유, 자신에게 야박하게 굴지 않겠다는 결심, 스스로에게 후한 점수를 주는 너그러움이 필요하다. 이 중 어느 하나 쉬운 것이 없다. 그럼에도 우리는 행복해지기 위해 계속 노력해야 한다. 노력할수록 행복해질 수 있기 때문이다. 행복은 결코 좋은 스펙을 쌓고 일류 기업에 취업한다고 얻어지는 것이 아니다.

여기서는 아주 간단한 방법으로 행복해질 수 있는 '의식'을 소개하고자 한다. 이른바 '리추얼Ritual 프로젝트'다. 원래 리추얼은 의식, 종교 의례라는 뜻이지만, 나는 이 말의 개념을 행복해지기 위해 마음을 관리하는 의식 또는 놀이로 바꾸고자 한다. 많은 사람이 대단한 방법을 동원해야만 매너리즘으로 인한 우울증이 개선된다고 생각하지만, 작은 시도만으로도 얼마든지 그런 감정에서 벗어날 수 있다.

아침에 출근하는 것이 싫다면 드립 커피를 내려보자. 차를 마시는 것도 좋다. 드립 커피를 내리고, 컨디션에 맞는 티백을 골라서 예쁜 찻잔에 우리는 활동은 그날 하루를 아끼고 싶은 마음을 들게 한다. 이렇게 소소한 의식을 만들어두면 그 의식을 치르고 싶어서라도 그날의 시작을 미루지 않을 수 있다. 일주일 중 가장 스트레스가 심한 요일에 취미 생활을 하거나 데이트 약속을 잡는 것도 생활의 숨통을 터주는 좋은 방법이다. 우리는 생각보다 작은 일에서 동기를 부여받고, 큰 행복을 느낄 수 있다.

우리는 이것을
'리추얼 데이'라고 부른다

시간을 디자인하는 것으로도 인생을 행복하게 꾸릴 수 있다. '한 달에 한 번' 혹은 '일주일에 한 번'처럼 정기적으로 미술관 또는 호텔 커피숍에 가보는 것은 어떨까? 조용한 미술관에서 그림을 감상하다 보면 스스로를 들여다볼 수 있다. 호텔에 가보면 나와 다른 부류의 사람들을 목격함으로써 여러모로 성장에 도움이 되는 자극을 받을 수 있다.

내가 아는 의사 선생님 중 한 분은 분기마다 비행기 표를 결제하고 취소하는 일을 반복한다. 여행을 떠나고 싶지만 병원이 바빠 쉽게 휴가를 낼 수 없기 때문이다. 일단 비행기 표를 결제하면 취소하기 전까지 기분이 좋다고 한다. '비행기 표 결제'가 그 선생님의 분기별 리추얼인 셈이다.

- 어버이날은 부모님에게 카드 쓰기
- 추석은 가족과 보내되, 설에는 혼자서 여행하기
- 일요일은 운동을 하고, 분기별로 나에게 '의미 있는 시간 선물하기'

달력을 보고 1년 동안의 스케줄을 살핀 뒤 '리추얼 데이'를 표기해보자. 몇 가지 의식을 만들어놓고 지키면, 의식이 어느 순간 내 삶의 일부가 된다.

지금, 여기에서 행복하기

리추얼 프로젝트로 퇴근길 미니 여행도 추천한다. 회사에서 집까지 걸어가는 것이 퇴근길 미니 여행의 방법이다.

스트레스를 받은 채 집으로 돌아가면 집에 가서도 편하게 쉴 수 없다. 직장과 집 사이에 '브릿지' 하나를 놓아주는 지혜가 필요한데, 이 '브릿지'로 퇴근길 미니 여행만 한 것이 없다.

나도 1년 가까이 퇴근길 미니 여행을 하고 있다. 매일 병원과 집만 왔다 갔다 하는 생활에 염증이 나서 시작했는데, 하다 보니 재미가 붙었다. 걸어서 퇴근하면 모든 것이 다르게 보인다. 앞차와의 간격 대신 출퇴근하는 사람들의 표정이 보이고, 요즘 친구들의 옷차림이 보인다. 집과 병원 사이에 생긴 맛집, 파란불이 빨리 켜지는 횡단보도 등 우리 동네에 대한 정보도 얻을 수 있다.

집과 회사 사이의 거리가 멀어서 걸어 다니기 힘들다고? 다 방법이 있다. 집에 도착하기 전 한두 정거장 일찍 내려서 걷는 것이다. 한강 근처에 살면 20분 정도 산책을 하자. 운동장이 있으면 한 바퀴 돌고 집에 돌아가는 것도 방법이다. 마트나 동네 슈퍼에 들러서 장을 보는 것도 나쁘지 않다.

퇴근길 미니 여행의 효과는 늘 똑같은 일상에 스스로 일탈을 부여함으로써 기분을 환기하는 데에 있다. 별것 아닌 이 사소한 일탈이 행복을 가져다주는 것이다. 다른 리추얼 프로젝트도 마찬가지다. 자신이 정한 정기적인 의식을 따르다가 지겨워지면 가끔 그 의식을 어기기도 해보자. 해방감과 자유를 느낄 수 있을 것이다.

#사소한_노력이_행복을_만든다

완벽한 시작은
존재하지 않는다

호응하기, 칭찬하기, 격려하기

1. 못 나온 사진을 지우는 데 집착하지 마라. 늘 멋지고 완벽한 모습으로 보이기 위한 노력은 자신을 힘들게 할 뿐이다. 잘 나오지 않은 사진도 언젠가는 추억이 된다.

2. 하이힐을 벗어라. 편안한 신발을 신어야 외출이 즐거워진다.

3. 혼자 있는 것을 두려워하지 마라.

4. 모든 일에 계획을 세울 필요는 없다. 불확실함에서 오

는 스릴을 즐겨라.

5. 단점을 모두 감출 필요는 없다. 그것이 당신의 특별함이 될 수 있으니까.

6. 가끔 황당한 기준을 세우는 것도 좋다. 특히 '사랑'에 관련된 것이라면.

7. 피자와 감자튀김은 하느님이 주신 선물. 다이어트가 인생의 전부는 아니다!

8. 할 일이 아무것도 없을 때 속옷만 입고 뒹구는 것도 행복이다.

9. 가끔 용기를 위해 술의 도움을 빌려라.

10. 남의 성생활에 신경 쓰지 마라.

할리우드 영화배우 제니퍼 로렌스의 '자존감 10계명'이다. 나는 이 중 '못 나온 사진을 지우지 마라', '단점도 특별함이 될 수 있다'는 내용이 특히 기억에 남았다. 그녀는 어린 나이임에도 완벽한 모습을 추구하는 건 스스로를 지치게 만들 뿐이라는 사실을 알고 있다. 완벽하지 않은 모습까지 받아들이고, 사랑하려 노력하는 그녀의 모습이 아름답게 느껴진다.

요즘 친구들과 대화하면 할수록 하나같이 완벽주의를 지향한다고 느낀다. 어느 경전에 '태초에 완벽이 있었다'는 문구가 쓰여 있는 것인지 궁금할 정도다. 완벽주의에는 두 가지가 있다. 목표를 세워서 노력해나가는 건강한 완벽주의와 완벽한 상태가 아니면 시작조차 못 하는 병리적인 완벽주의다. 전자는 부정적인 면보다 긍정적인 면이 많지만, 후자는 아무것도 시작하지 않은 채 걱정만 하다가 에너지를 모두 낭비해버리는 비효율적인 습관이다.

완벽주의에 집착하면 과도한 두려움을 갖게 된다. '아직 준비가 완벽하지 않으니 시작하면 안 돼!'라며 스스로 발목을 잡는 것이다. 모든 일을 시작 단계부터 완벽하게 준비하기란 어렵다. 도달하기 어려운 목표를 세웠으니 첫걸음을 떼기가 당연히 힘들 수밖에 없다. 이 같은 두려움은 마땅히 도전해야 할 과업 앞에서 머뭇거리게 만든다. 종종 인터넷에서 볼 수 있는 'n포 세대'라는 단어는 도전 앞에 용기 내어 달려들지 못하는 사람들의 마음을 잘 표현한 신조어라고 할 수 있다.

완벽한 끝은 존재해도 완벽한 시작은 존재할 수 없다. '시작점'은 원래 아무것도 없는 지점이다. 당연히 불완전할 수밖에 없다. 원하는 목표를 향하면서 얻는 것들, 즉 과정이 완벽한 끝을 만드는 것이지, 완벽한 시작이 유종의 미를 만드는 것이 아니다.

주먹을 꽉 쥔 손과는 악수할 수 없다

대부분 완벽주의자는 마음 깊숙이 자신이 완벽한 모습일 때만 사랑받을 수 있다는 믿음을 갖고 있다. 완벽주의와 사랑받고자 하는 욕심이 맞닿아 있다고 볼 수 있다. 나의 '틈'을 상대방이 발견했을 때, 더 이상 사랑받지 못할 것 같은 두려움이 완벽주의로 나타나는 셈이다. 이런 관점에서 완벽주의는 '틈에 대한 결벽증'이기도 하다.

과연 완벽해야만 사랑받을 수 있는 걸까? 나 자신에게 물어보자. 나는 정말 완벽한 사람만 곁에 두고 싶은가? 그렇지 않을 것이다. 사람들은 속마음을 털어놓아도 치부로 여겨지지 않을 대상을 대화 상대로 선호한다. 자신에 대해 내려놓을 수 있는, 어느 정도 틈이 있는 사람을 가장 편안하게 여긴다는 뜻이다.

내 이야기에 동의한다면 이제 당신은 '생각의 일치'를 이뤄야 한다. '되고 싶은 나'와 '내가 만나고 싶은 대상'이 얼마나 일치하는지 생각해보면 답은 예상 외로 쉽게 나온다. 많은 사람에게 관심과 사랑을 받기 위해 완벽함을 추구하는데, 정작 나는 틈이 있는 사람에게 편안함을 느낀다면 결국 완벽함을 지향할 이유가 없다. 사람들은 겸손하고 노력하는 사람에게 끌리지, 다 갖춘 사람에게 끌리지 않는다.

나를 사랑하는 법 배우기

"어느 누구도 자신을 사랑하는 법을 배우지 않았다"는 문장을 읽고, 정말 맞는 말이라고 생각했다. 자신을 사랑한다는 것이 무엇인지 똑 부러지게 정의를 내릴 수 있는 사람은 몇이나 될까? 아무리 똑똑해도 어려울 것이다. 그러나 우리는 '나를 사랑하는 법'을 배우고 익히기 위해 부단히 노력해야 한다. 나를 사랑하는 건 행복해지기 위한 첫걸음이니까.

누구라도 자신을 사랑하는 법을 배우면 더 오랫동안 행복할 수 있다. 그러니 '나쁜 생각'에 편승해 스스로를 괴롭히지 말고, 자신을 사랑하는 법을 터득해나가자. '나를 사랑해야 남도 사랑할 수 있다'는 말은 모든 관계의 실마리를 푸는 대전제다.

'나를 사랑하는 팁'을 하나 주고 싶다. 나만의 보석이 무엇인지 찾아보라. 집안 사정이 어려워 밤낮으로 아르바이트를 하느라 너무 힘들고, 가난한 부모님이 원망스러운가? 내게도 가끔 그런 친구들이 찾아온다. 그럼 나는 이렇게 말한다.

"다른 애들은 부모가 차려준 밥상도 못 받아먹는데, 넌 네 스스로 돈을 벌고 그 돈으로 병원까지 와서 도움을 받으려고 하는구나. 정말 힘든 사람은 병원에 올 힘조차 없어. 네 근성은 돈을 주고도 못 사는 보석이야."

대부분의 사람은 자신이 갖고 있는 보석을 알지 못한다. 땅에 매장된 원석을 발견하지 못했으니 아무것도 없는 것처럼 보이는 것이다. 다른 사람은 루비도 가지고 있고 진주도 가지고 있는데 나만 아무것도 없는 것처럼 느껴져서 무기력함에 빠지기도 한다. 무기력한 상태는 엄마의 자궁으로 돌아간 상태와 다르지 않다. 혼자 힘으로는 아무것도 할 수 없는 것이다. 그러니 이럴 때는 시간을 내서 '내 안의 보석 찾기'를 해보자.

#어느_누구도_자신을_사랑하는_법을_배우지_않았다

4장

세상 모든 관계에는
법칙이 있다

#관계 #FRIENDS #친구 #평판

애티튜드가
스펙을 이긴다

곰 같은 여우는 되지 마라

제발 곰 같은 여우는 되지 말자. 잘 보이고 싶은 대상 앞에서만 살살거리고 다른 선배들에게는 인사조차 하지 않는다거나, 회식 자리에 빠지려고 기를 쓴다거나, 업무용 PC에 버젓이 SNS를 띄워놓는다거나, 중간 관리자를 무시한 채 부서장에게 직접 보고한다거나 하는 행동은 특히 경계해야 할 태도다. 크게 혼날 일은 아니지만, 후에 나쁜 평판의 원인이 되기 때문이다.

요즘 친구들은 신입 때 선배들을 파악하고, 어떻게 대할지 미리 결정한다는 말을 들었다. 대상을 가려가며 처세를 달리하는 건 하수 중에서도 하수다. 선배들이 모를 것 같은가? 단지, 말하지 않을 뿐이다.

아무리 못난 선배라도 신입 한 명을 바보로 만들 만큼의 내공을 갖고 있다. '기득권'이기 때문이다. 회사 선배는 이미 권력을 가진 사람이다. 당연히 권력을 이용할 수도 있다. 그런 사람에게 '들어온 지 얼마 되지도 않았는데 저것이 머리를 굴리네'라는 생각이 든다면, 신입의 앞날에 소금을 뿌리면 뿌렸지 꽃을 뿌리지는 않을 것이다. 특히 바로 위의 회사 선배는 다른 상사보다 더 무서운 대상일 수 있다. 적어도 바로 위 선배에게서 '머리 굴리는 여우'라는 소리만 나오지 않도록 하자. 이것만 주의해도 회사에서 자리 잡는 게 훨씬 수월해진다.

인사 퀸에게 좋은 기회가 떨어진다

사회생활을 하면서 가장 무서운 말이 뭔 줄 아는가? 하나를 보면 열을 안다는 말이다. 여기서 하나는 첫인상을 말한다. 이 말이 무서운 이유는 '첫인상 하나'만 보고 모든 것을 판단하겠다는 의미이기 때문이다.

그래서 '열이 판단되는 하나'를 갖추려는 노력이 무엇보다 중요하다. 이 열이 판단되는 하나 중에 인사만 한 것이 없다.

가수 연습생들을 상담하러 대형 연예 기획사에 간 적이 있었는데, 연습생들이 노래나 춤보다 먼저 제대로 된 인사하는 법을 배운다는 사실을 알게 되었다. 탁월한 선택이다. 좋은 평판이 좋은 기회를 데리고 온다는 사실을 교육시키는 셈이다.

인사가 아무것도 아닌 것 같은가? 한국 사회에서는 인사가 곧 인성이다. 대상을 막론하고 큰 목소리로 인사하는 사람은 누구에게나 좋은 이미지를 심어준다. 해도 그만 안 해도 그만이라면 적금 통장이라고 생각하고 차곡차곡 인사하는 이미지를 쌓아둬라. 그렇게 저축한 이미지가 언제 어디서 도움이 될지 모른다.

내가 바꿀 수 있는 것과
바꿀 수 없는 것 구별하기

러시아의 대문호 톨스토이는 "누군가를 미워하면 인생에 그 감정만큼 구멍이 난다"고 했다. 왜 인생에 구멍이 난다는 표현을 썼을까? 사람이 한 번 미워지면 그 미움의 양이 기하급수적으로 커져 결국 본인의 인생을 쥐고 흔들기 때문이다. 처음에는 '웃고 넘어갈 수 있을 정도의 미움'이었는데 나중에는 본인도 감당이 안 되는 수준으로 커진다.

직장생활을 하는 사람이라면 다들 서너 군데의 구멍을 갖고 있을 것이다. 특히 말로 상처 입은 경험이 많지 않을까 싶다. 똑같은 말인데도 어제 다르고 오늘 다르게 느껴지는 게 사람의 마음이다.

직장생활을 하면서 주고받는 '언어로 인한 상처'는 한 사람만의 잘못이 아니다. 그 말을 던진 사람이 반, 확대해석해서 들은 사람이 반. 각자 반반씩 책임이 있다.

"왜 과장님은 침범해서는 안 될 것과 될 것을 구분하지 못하는지 모르겠어요. 이래 봬도 저 7년 차예요."

자신이 하는 일에 대한 자부심이 상당한 미영 씨는 하나부터 열까지 통제하려는 과장 때문에 숨이 막힐 지경이다. 실무에 자신감이 넘치는 미영 씨와 관리 감독에 대한 욕구가 강한 상사가 만났으니, 문제가 생기면 그야말로 빅뱅급이다.

"과장님의 장점은 뭐예요?"

내 질문에 그녀는 한참 망설이다가 답했다.

"책임감이 강해서 저희가 다른 부서장에게 깨지는 꼴은 못 봐요."

'과장은 통제의 욕구가 강한 사람이야'라는 단방향으로만 생각하면 그를 이해할 방법을 찾기란 불가능하다. 나는 살짝 방향을 틀어 과장의 장점을 들여다보게 함으로써 돌파구를 마련해주고 싶었다.

"과장님의 단점이 미영 씨를 힘들게 하지만 장점으로 작용할 때도 있네요. 지금의 과장과 반대의 성향을 가진 상사를 상상해볼래요? 직원들에게 자유를 주지만 타 부서 사람이 뭐라고 해도 막아주지 않는 상사."

심리 치료에서는 이것을 '브레이크 스루Break Through'라고 한다. 꽉 막힌 생각을 뚫으면 길이 열린다는 뜻이다. 물론 상대의 장점을 인지한다고 그 사람의 단점이 없어지는 것은 아니지만 균형 잡힌 시각을 갖게 되면 세 번 화날 것을 한 번으로 줄이는 효과는 기대할 수 있다.

리더를 뽑을 것인가?
왕따를 뽑을 것인가?

직장에서는 똑똑하고 능력 있는 사람만큼 같이 일하기 쉽고 인간관계가 좋은 사람도 선호한다. 만약 자신이 자꾸 욱하게 된다면 신체 건강과 마음을 살펴보아야 한다. 너무 바빠 늘 시간에 쫓기고, 몸이 너무 피곤하거나 숙면을 취하지 못하면 사소한 일에도 쉽게 마음이 출렁거린다. 자꾸 화를 내게 된다면 좀 쉬어라.

숲 전체를 보면 나무 한 그루의 의미가 달라진다. 직장생활도 마찬가지다. 못살게 구는 상사, 밉기만 한 동료 한 명이 직장생활의 전부는 아니다. 그들은 그저 한 그루의 나무일 뿐이다. 이래서 숲을 보는 관점을 갖는 것이 상당히 중요하다. 커다란 관점을 갖고 있으면 어느 순간 '미워해 봤자 뭐해. 내가 저 인간을 안 보고 살 수도 없는데'라며 미워하는 마음을 접게 되니까. 자신도 모르는 사이 대상에 대한 예민함, 관심도가 줄어든다. 미움에도 사랑만큼의 열정과 에너지가 필요하다. 관심과 미움을 함께 줄이는 전략은 직장생활에 큰 도움이 된다.

사람 문제를 사람으로 풀려하지 마라. 대신 앞으로의 성장에 더 많은 관심을 쏟아라. 그렇게 하면 인간관계의 갈등으로 인한 피로감을 줄일 수 있다. 큰 문제가 해결되면 작은 문제는 알아서 해결되듯, 직장생활에 대한 확고한 의지가 있으면 그 안에서 겪는 소소한 일에는 조금씩 무뎌질 수 있다.

옛말에 사람이 모이면 남자들은 리더를 뽑고 여자들은 왕따를 뽑는다는 우스갯소리가 있다. 이제는 잘 쓰이지 않는 차별적인 말이지만, 이 말 속에는 보편적인 남녀의 성향 차이가 숨겨져 있다. 남자들은 문제해결을 중시하며 서열 관계가 그것을 용이하게 해준다고 믿는 반면, 여자들은 수평과 공감을 맹신하기 때문이다. 공감은 여성에게 생명과 같다. 왕따를 뽑는다는 말은 여자의 성품이 못났다는 뜻이 아니라, 공감이 잘 이뤄지지 않는 사람에 대한 민감도가 높다는 뜻이다.

오랫동안 사회생활을 하다 보니 공감보다 실리를 추구하는 남자들의 사회생활 방식이 유용하다고 느낄 때가 많다. 남자들은 상사의 성격이 안하무인이고, 부하의 성과를 뺏을지라도 일단 충성한다. 일시적인 감정보다 이후의 성과에 관심이 있기에 일보후퇴 작전을 쓰는 것이다. 사회에서는 관계보다 더 중요한 것이 있을 수 있다. 후일을 위해서 감정을 정리하는 것. 이것만 잘해도 누구나 사회생활의 고수가 될 수 있다.

#누군가를_미워하면_인생에_그_감정만큼_구멍이_난다

'관계의 패턴'을
파악하라

자신의 '관계 성향' 파악하기

'우(友)테크'라는 말을 들어본 적 있는가? 우정이 무슨 재테크냐고 생각할 수도 있겠지만, 친구에게도 투자가 필요하다. 시간을 내어주고, 안부를 물으며, 기념일을 함께 챙기고, 새벽에도 하소연을 들어주는 에너지가 있어야 한다.

부모들은 자녀에게 공부 잘하고 품성이 좋은 아이와 친하게 지내라고 요구하지만, 아이들은 그런 기준으로 친구를 만나지 않는다. 우정은 끌림이다. 잡아당기는 힘이 있어야 서로에 대해 알고 싶고 함께 시간을 보내고 싶다. 의도를 가지고 친구가 되는 경우는 많지 않다. 함께하는 순간의 편안함과 즐거움은 의도한다고 얻어지는 것이 아니기 때문이다.

친구 관계에도 패턴이 존재한다. 만약 자신의 관계 성향이 궁금하다면 반복해서 선택하는 친구 스타일을 살펴보는 것도 좋은 방법이다. '나는 유머를 가진 친구를 좋아하는구나', '나는 튀지 않는 친구에게 편안함을 느끼는구나'처럼 뭔가 공통점이 보일 것이다. 친한 친구들이 '결핍이 있는 친구'들일 수도 있다. 다 갖추고 화목한 가정에서 자란 친구보다 무언가 결핍이 있는 친구에게 마음이 간다면 인정 욕구가 높고, 상대가 자신을 필요로 할 때 안정감을 느끼는 유형일 확률이 높다. 관계의 주도권을 본인이 쥐고 싶어 하는 것이다.

친구 관계는 '또 다른 나'를 살피는 거울이다. 모자란 부분 혹은 갖고 싶은 매력을 친구에게서 찾음으로써 심리적으로 보상받기 때문이다. 특히 자신에 대해 한창 알아가는 20대 여성들에게는 우정이 사랑만큼 큰 관심사다.

오랜 지기와 헤어진 20대 여성이 내원하면 우는 경우가 많다. 이야기를 들으면 오랜 기간 함께한 대상을 잃어버린 상실감에 추억을 부정당한 느낌까지 더해져 마음에 화상을 입은 느낌을 받는다.

심리적 안전거리의 필요성

우정에도 짝사랑이 존재한다. 더 좋아하는 쪽과 덜 좋아하는 쪽이 존재하기 때문이다. 이 차이가 크면 더 좋아하는 쪽에서 집착하게 되기도 한다. 부족한 마음을 채우고 싶으니 마음을 달라고 자꾸 보채는 것이다. 상대방의 SNS에 들어가 다른 친구들과는 주로 어디에서 만나고, 무엇을 먹는지 등 사소한 정보도 놓치지 않는다. 보이는 것이 많으니 집착이 심해지고, 친구와 만나도 서운한 마음에 억지를 부리기 일쑤다. 이때가 바로 적신호다. 혼자서 온갖 생각을 하느라 우정이 흔들림을 자각하지 못하는 것이다.

경희 씨 역시 이 과정을 고스란히 밟았다. 10대부터 함께 우정을 나누었던 친구는 경희 씨의 집착이 부담스러워

절교 선언을 했다. 경희 씨는 친구에게 절교 선언을 당하고 반년이나 넋을 놓고 살았다. 사실 경희 씨가 모든 사람에게 집착하는 것은 아니었다. 오히려 다른 사람과의 관계에서는 굉장히 자기 주도적이었다. 경희 씨는 왜 그 친구에게만 매달렸을까? 그 친구에게만 유달리 본인의 속마음을 보여줬기 때문이다. 마음의 민낯이라고 할 수 있겠다. 아마 실제의 민낯도 많이 보였을 것이다.

여자에게 민낯은 또 하나의 생리적인 욕구다. 화장실 가는 모습을 들키고 싶지 않은 것처럼 민낯도 들키고 싶어 하지 않는다. 있는 그대로의 나를 좋아해주는 대상이라는 신뢰 없이 민낯을 보이는 건 불가능하다. 아무렇지도 않게 민낯을 보이는 대상은 1, 2명일 수밖에 없다.

남자 친구도 민낯보다 화장한 모습을 더 많이 보는데, 민낯을 고스란히 내보인 단짝 친구가 소중한 건 당연한 일이다. 소중하다 보니 집착하는 것이다. 가면을 쓰지 않고도 편하게 만날 대상을 갖는 일은 정말 중요하지만, 균형을 잡지 못하면 경희 씨처럼 커다란 상실감을 경험하게 된다.

의존과 집착에서 벗어나는 법

~~~~~~~~~~

둘 중 한 사람이 더 많은 친밀감을 원해서 생겨나는 갈등을 '양자 갈등'이라고 한다. 나는 가깝다고 생각해서 할 말, 못할 말 가리지 않고 털어놨는데 상대는 그만큼 나를 생각하지 않을 때 일어나는 갈등이다.

"나는 너를 이만큼 생각하는데, 너는 왜 마음을 주지 않는 건데?"

"개랑은 삼청동까지 가면서 나랑은 가로수 길도 어렵냐?"

"우리는 세상에 둘도 없는 친구니까."

이런 말을 건넸을 때 상대의 표정을 잘 살펴보자. 교우관계에서 가장 중요한 것이 "우리는 친구니까 다 해줘야지", "야, 우리 사이에 이런 말도 못하냐?"처럼 자신의 요구 조건을 일방적으로 쏟아내는 태도다. 이런 태도는 상대방에게 부담을 줄 수 있다. 처음에야 받아주겠지만 반복되면 관계의 지속성이 떨어진다.

상대의 정체성을 침범하지 않는 범위 내에서 관계를 가꿔 나가려면 '바운더리 메이킹Boundary Making'이 절실하다.

친구 관계만이 아니라 부모와 자식 간에도 서로의 경계, 바운더리를 존중하는 문제는 굉장히 중요하다. 정(情)이 중요시되는 우리나라 문화에서는 쉽지 않은 일이지만 말이다.

나는 양자 갈등, 일방적인 짝사랑으로 힘들어하는 여성들이 찾아오면 관계를 분류하고 정의해보라고 조언한다. A4용지를 꺼내어 FRIENDS의 앞 글자를 적은 뒤 그에 따라 그룹을 추려내는 방법이다. 이 중 F는 나머지 RIENDS가 지향해야 할 관계의 목표다. 한가운데에 커다란 원을 그린 뒤 Free를 적기만 하면 된다. 즉, 상대방의 자유를 인정하겠다는 일종의 선언이다.

FRIENDS

Free 나의 다른 친구를 인정하는 친구, 성숙한 관계

Remember 추억을 나누는 친구

Inner Circle 관심사로 뭉친 그룹

Every 베스트 프렌드

Needs 도움을 주고받는 친구, 경조사 친구

Development 성장을 공유하는 친구, 사회 친구

Sometime 1년에 한두 번 보는 친구

'Free' 칸이 최상위 개념이다. 그 아래 6개의 동그라미를 그리고 Remember, Inner Circle, Every, Needs, Develop-ment, Sometime에 해당하는 친구의 이름을 적으면 된다.

관계도 엄연히 분산 투자가 필요하다. 죽고 못 사는 대상은 한 명이면 족하다. 1년에 한두 번 보는 친구도 필요하고, 굳이 자신이 나가지 않아도 유지되는 모임도 필요하다. 그래야만 자주 만나는 친구와 갈등이 생겼을 때도 불안감을 갖지 않고 기다릴 수 있다. 한 사람에게만 모든 걸 의지하는 관계는 결코 건강하다고 할 수 없다.

#우정에도_짝사랑이_존재한다

다시 만나고 싶은
사람이 되는 법

관심사의 전환기

옥스퍼드 대학교의 한 연구팀이 모집단으로 추출한 젊은층의 통화량을 분석한 결과, 인간은 스물다섯에 인생에서 가장 많은 친구를 갖는다고 한다. 스물다섯 이후로는 우정이 '양'보다 '질'로 기운다고 분석했다. 설득력 있는 분석이다.

나이가 들면 친구라는 개념이 언제 어디서든 함께하는 대상이 아니라 깊은 공감을 나누지 못해도 함께 시간을 보내는 사이로 바뀌게 된다. 상대방을 나만의 친구가 아니라 누군가의 상사, 동료, 딸, 아내로 바라보게 된다고 할 수 있다. 그래서 30대가 되면 이런 질문을 할 때가 온다.

'우정이라는 게 정말 있을까? 진정한 의미의 친구라고 부를 수 있는 사람이 몇이나 될까?'

여자에게 서른은 20대라는 챕터가 닫히고 30대라는 챕터가 열리는 시즌이다. 나는 이 시즌을 '관심사의 전환기'라고 부른다. 에너지가 '관계'에서 '업무Work'로 옮겨가면서 '벗에 대한 욕구'가 현격하게 줄어들기 때문이다. 일은 남자들만 열심히 하는 것이 아니다. 요즘은 여자들도 커리어에 대한 욕구가 상당하다. 이 말은 커리어를 쌓는 공간에서 만나는 동료나 사람들의 가치가 중요해지는 반면, 기존의 친구와는 사이가 멀어짐을 의미한다.

20대에는 무언가를 선택할 때 주위 친구들에게 조언을 구한다. 혼자 결정할 힘이 없기 때문이다. 경험치가 고만고만한 친구끼리 모여서 실질적인 도움은 되지 않을 때가 많지만 함께 고민하는 것만으로도 힘이 된다. 그러다 30대에 들어서면 각자 의사결정을 할 수 있는 힘이 생겨난다. 비슷비슷한 자원과 머리를 가진 친구들이 20대 때만큼 필요하지 않게 되는 것이다. 대신 관심사와 성장 자원이 비슷한 사회 친구와의 교감 쪽으로 삶의 무게가 실린다. 오랜 지기와 추억을 공유한다면, 사회에서 만난 친구와는 현재와 미래를 공유한다고 할 수 있다.

30, 40대는 인생을 통틀어서 가장 생산성이 높은 시기다. 추억보다 성장에 반응하는 것이 당연하다. 그래서 나는 '과거를 나눌 수 있는 친구'와 '미래를 공유하는 친구'를 똑같은 비중으로 생각하라고 조언한다. 오랜 친구가 무조건 더 좋은 것만은 아니다.

선택하기 그리고 선택받기

"스물의 얼굴은 자연이 준 선물이지만 쉰의 얼굴은 만난 사람들이 만든 공적이다."

20세기 여성 패션의 혁신을 선도한 프랑스의 패션 디자이너, 가브리엘 샤넬이 한 말이다. 샤넬 관련 자료를 볼 때마다 느끼는 것은 다른 사람들에 대한 이야기가 빠지지 않고 등장한다는 사실이다. 샤넬의 인생에 다른 사람들이 끼친 영향력이 그만큼 크기 때문이리라. 특히 미시아Misia는 샤넬의 인생에서 빼놓을 수 없는 사람이다.

미시아와 샤넬은 파티에서 만나 친구가 되었다. 일찌감치 샤넬의 잠재력을 알아챈 미시아는 디자이너로서 명성을 떨치기 전부터 샤넬에게 아낌없이 주는 나무 역할을 했다. 피카소, 장 콕토 등 문화계 인사들을 샤넬에게 소개한 사람도 미시아였다.

당신 곁에는 미시아 같은 친구가 있는가? 답을 찾으려면 다음 질문에 먼저 답해야 하리라. 당신은 미시아 같은 친구가 되어본 적이 있는가? 있다면 당신에게도 미시아 같은 친구가 있을 것이다. 없다고 좌절할 필요는 없다. 이제라도 미시아 같은 친구가 되면 되니까.

사회에서 만난 친구와 좋은 관계를 유지하기 위해서는 '기브 앤 테이크Give & Take'가 확실해야 한다. 상대에게 무언가를 받으면 나도 반드시 그에 합당한 대가를 지불해야 한다는 뜻이 아니다. 평상시 잘 베푸는 사람이라 하더라도 '저 사람은 원래 잘 쓰는 사람'이라고 생각하며 쉽게 대하지만 않으면 된다. 아무리 백만장자라도 주기 위해 태어난 사람은 이 세상에 아무도 없다.

가끔 '나는 무엇을 줄 수 있는 사람인가?' 하고 골몰하는 시간을 가져보라. 유머나 배려, 경청처럼 정서적인 것이어도 좋고, 쇼핑이나 뷰티 노하우여도 좋다. 만약 본인이 사회생활을 하고 있다면 직장생활에 도움이 되는 정보나 팁도 꽤 유용한 정보다. 사람은 누구나 하나씩 자기만의 달란트를 갖고 태어났다. 이러한 재능을 관계 맺기에 써먹는 것도 지혜라면 지혜다.

기브 앤 테이크의 비율을 맞추는 것은 관계를 지속시키는 비법이다. 샤넬이 미시아에게 받기만 했다면? 둘의 관계는 오늘날 전해지는 것과 사뭇 달랐을 것이다. 미시아는 샤넬이 무명일 때 전폭적으로 지원해줬고, 샤넬은 '넘버 파이브No.5'라는 향수를 만들어 헌정할 만큼 미시아를 생각했다. 둘 다 진심으로 벗의 성장을 기원했고, 고마움을 표현했다. 이런 마음을 주고받는 관계가 많으면 쉰이 되어서도 아름다운 얼굴을 가질 수 있다.

관계 쇼퍼Shopper가 되지 마라

요즘 사람들은 자신에게 도움이 될 만한 대상하고만 관계를 맺으려는 경향이 있다. 나는 이것이 나쁘다고만 생각하지 않는다. 젊은 시절에는 어떤 식으로든 최대한 많은 관계를 맺어놓는 것이 중요하기 때문이다. 관계의 씨앗은 1년 후에 꽃을 피울 수도 있고, 10년 후에 꽃을 피울 수도 있다. 언제 어디서 도움을 주고받을지는 아무도 모를 일이다. 단, 관계의 열매만 취하려는 것은 상당히 미성숙한 태도이니 주의하라.

바보가 아닌 이상 자신을 착취하려는 대상에게 계속 우호적일 사람은 없다. 취업이나 스펙을 쌓는 데 도움이 되는 친구에게만 중점을 두면 공감, 배려, 이해라는 정서적 자원을 놓칠 수 있다. 관계에서 가장 중요한 것이 사실은 이러한 정서적 자원인데 말이다. 취업 정보를 주고받는 대상은 꼭 그 사람이 아니어도 되는 '대체 가능한 인연'이지만 자신이 면접에 떨어졌을 때 따뜻한 말 한마디를 건네주는 친구는 '대체 불가능한 인연'이라는 사실을 잊지 말자.

프레너미Frienemy라는 신조어가 있다. '친구Friend'와 '적 Enemy'의 합성어로, 현대 사회에서 맺어지는 친구의 본질을 잘 담고 있는 말이다. 서로 이해관계가 맞으면 친구지만 어긋나면 바로 돌아서는 우정이랄까. 맑게 갠 날에만 친구Fair-Weather Friend라고 말할 수 있는 사람이 50퍼센트나 된다는 연구 결과도 있다.

절반은 가짜 우정이라고 하지만, 나는 이러한 현상을 꼭 비극적으로 보고 싶지 않다. 어떻게 만나는 모든 대상과 '진심을 나누는 친구'가 될 수 있겠는가? 스치는 인연이 있어야 머무는 인연에게 더 잘할 수 있는 법이다. 지금은 열심히 관계를 연습해야 할 때다.

#기브_앤_테이크의_비율을_맞춰라

때로는 인생보다
일상이 더 힘겹다

관계의 집합소, 가족

가족을 뜻하는 영어 'Family'라는 단어의 유래에 대한 재미있는 이야기가 있다. 'Family'가 'Father And Mother I Love You'의 준말이라는 이야기다.

그런데 다양한 이유로 서로를 사랑하기는커녕 증오하는 집이 적지 않다. 가족을 원망하고 미워하는 마음은 도대체 어디에서 하소연해야 할까?

연인과도 갈등이 생기고, 매일 보는 직장 상사에게도 반감이 생기는데 가족에게도 당연히 거부감이 들 수 있다.

피를 나누었다고 모두 똑같은 생각과 욕망을 갖고 있지는 않으니까 말이다. 엄마, 아빠, 언니, 오빠, 동생, 나. 머릿수만큼의 욕망이 모인 집합이 바로 가족이다. 충돌이 일어날 수밖에 없는 조건이다. 그 과정에서 서로 상처를 주고, 나쁜 감정을 주고받는 건 당연하다. 이 사실을 인정해야만 가족끼리 주고받는 상처라는 이유만으로 다른 구성원이나 자기 자신에게 가중처벌을 내리지 않을 수 있다.

세상에 좋은 감정만 취하는 관계는 존재하지 않을뿐더러, 그런 관계는 지속될 수도 없다. 가족은 소중한 존재다. 하지만 그것과 별개로 '감정의 불순물'이 생기는 것을 막을 수는 없다. 따지고 보면 미움도 사랑의 한 종류다. 그러므로 가족을 미워할 줄 아는 용기도 필요하다. 사랑부터 미움까지 다양한 감정을 주고받다 보면 서로에 대한 뿌리 깊은 애착을 갖게 된다.

가족 내 갈등에 대한 사연을 듣고 있으면 '가족에 대한 순결의식'이 당사자의 자책감을 가중시킨다는 느낌을 받을 때가 많다. 특히 병원에 와서 상담을 받는 쪽은 자기 마음대로 행동하는 사람이 아니라 오히려 그 사람으로 인해 상처를 받은 쪽일 경우가 대다수다. 그래서 나는 내담자가 짊어진 짐을 덜어주는 데 치중한다.

"가족을 미워할 줄도 알아야 해요. 가족이라는 이름을 빼면 그냥 관계의 집합이잖아요. 어떻게 매일 행복하고 서로 아껴주기만 할 수 있겠어요."

가장 가깝지만
가장 이해하기 어려운 사이

스스로 생각하는 이상적인 부모와 현실의 부모 사이의 간극이 심해지면 부모를 바꾸고 싶다는 소망을 품을 수 있다. 이런 심리를 프로이트는 가족 로맨스Family Romance라고 했다. 은희 씨는 가족 로맨스로 힘들어하다 내담한 경우였다.

"제 친구네는 집도 잘살고 부모님 두 분이 화목하세요. 우리 부모님은 밥은 같이 드시는데 각방 쓰신 지 8년이 넘었어요. 친구네 집과 저희 집이 바뀌었으면 좋겠어요."

"아무 문제 없는 집이 있을까요. 겉으로 드러나지 않을 뿐이에요. 은희 씨 부모님은 각방을 쓰지만 같은 식탁에서 밥을 먹잖아요. 그것만으로도 화목한 가정이에요."

"저는 선생님 말씀이 와 닿지 않아요."

"그거야 은희 씨 집이니까요. 원래 자기가 갖고 있는 것은 보이지 않는 법이에요. 은희 씨는 지금 느끼지 못할 거예요. 현재 은희 씨는 친구네 집이 갖고 싶으니까. 하지만 다른 누군가는 은희 씨네 집을 갖고 싶어 할 수도 있어요."

내가 은희 씨에게 주문한 건 딱 한 가지다. 가족에 대한 판타지를 품지 말 것. 우리가 가족 때문에 힘들어하는 건 진짜 불행해서가 아니라 화목한 가족에 대한 환상이 크기 때문이다.

우리는 상위 10퍼센트의 삶을 평균Norm이라고 정해놓고 거기에 미달된 자신의 삶을 혐오한다. 집안에 매일같이 폭력이 난무하고 가족 중 한 사람이 하루도 빠짐없이 눈물을 흘리고 있는 게 아니라면, 서로 적당히 거리를 두고 사는 집도 행복한 가정이다.

상처는 상대적인 것이다

부모님이 전폭적으로 지원해주고, 사랑을 쏟아부은 형제에 대한 부러움과 질투에 시달리는가? 같은 배를 타고 태어났음에도 찬밥신세인 나와 달리 언니와 오빠는 온갖 혜택을 받으며 자랐다고 생각하는가? 사랑은 부족해도 문제지만 넘치는 것도 문제다. 어쩌면 과잉이 결핍보다 힘들 수도 있다. 그들 또한 짊어지고 있는 상처가 있다는 말이다.

요즘이야 아들보다 딸을 선호하는 분위기라고 하지만, 이렇게 된 지 불과 몇 년이 되지 않았다. 지금 20, 30대의 자녀를 둔 부모들은 남아선호사상의 거의 마지막 세대라 할 수 있다. 그래서일까? 오빠나 남동생에 비해 혜택을 받지 못하고 자란 딸들의 아우성이 끊이지 않는다. 희정 씨도 그런 경우였다.

"엄마는 오빠에게는 뭐든 다 해주면서, 딸인 저는 소홀하게 대했어요. 딸은 키워봤자 시집가면 그만이라고 하면서."

희정 씨는 현재 엄마로부터 독립 선언을 한 오빠 때문에 온 집안이 매일 전쟁 중이라고 했다. 오빠가 30대 중반인데, 효자 노릇은 그만두는 대신 경제적 혜택도 포기하겠다고 나온 상황이다.

"전 몰랐어요. 오빠가 그렇게 힘들어한 줄."

"사랑을 부족하게 받아도 문제지만 넘치게 받는 것도 상처가 돼요. 부담으로 다가오거든요. 모르긴 몰라도 오빠는 부모님에게 경제적 지원을 받은 대신, 본인의 자아를 갖지 못했을 거예요."

지난날이 불행했다고
앞으로도 불행을 선택할 것인가?

우리는 '결핍된 혹은 박탈당한 자'의 입장에서만 상처를 이야기하는 경향이 있다. 반면 본인의 의사와 상관없이 넘치는 사랑과 속박 때문에 상처받은 사람들에 대해서는 무관심하다.

"오빠를 많이 미워했어요. 전 열 번 말해야 얻는 걸 오빤 그냥 얻었으니까."

"대신 희정 씨는 하고 싶은 대로 하면서 살았잖아요. 오빠가 어머니의 소망을 이뤄주는 꼭두각시 역할을 해줬기에 가능한 일이에요."

부모의 사랑이 부족한 희정 씨가 '부모의 돌봄'을 박탈당한 경우라면, 오빠처럼 과잉보호를 받은 쪽은 '자아를 성장시킬 기회'를 박탈당한 경우다. 과잉보호를 받았다는 것은 부모의 통제력이 강했다는 뜻이고, 그 밑에서 자란 아이는 자기 자신으로 살 수 있는 자유가 없었을 것이다. 우리나라에서는 장남, 장녀가 이런 무게를 짊어진 경우가 많다. 사랑을 못 받은 쪽은 반항할 근거라도 있지, 사랑을 듬뿍 받은 쪽은 반항하는 순간 천하의 불효자가 되고 만다. 반항할 명분도 없는 것이다.

희정 씨 오빠도 지원받은 만큼 결과를 내야 했을 테고, 부모의 기대에 응하지 못하면 나쁜 자녀라는 생각에 짓눌러 살았을 것이다. 어릴 때부터 자기 인생보다 부모의 소망이 먼저였으니 언젠가부터 당연히 '내면의 아이'가 더는 '이렇게 살 수 없다'라고 아우성치기 시작했을 것이다.

그렇다고 희정 씨 오빠처럼 갑자기 독립 선언을 하는 것은 옳지 못한 태도다. 부모님의 뒤통수를 쳐서 그런 것이 아니다. 그런 태도는 당사자에게도 치명상이 되기 때문이다.

사랑을 많이 받고 자랐든 부족하게 받고 자랐든 엄연히 한 사람의 성인이 되었다면 정서적인 독립을 해야 한다. 부모는 결코 바뀌지 않는다. 하지만 '부모에게 받는 영향의 정도'는 의지로 변화시킬 수 있다. 자신의 경험을 늘리고 영역을 넓히는 것이 '가족이라는 울타리'도 지키고 자아도 성장시킬 수 있는, 건강하게 독립하는 방법이다.

#사랑은_부족해도_문제지만_넘치는_것도_문제다

굳이 엄마와
친하게 지낼 필요 없다

엄마와 나는 다른 존재다

요즘은 딸들이 엄마로부터 독립하는 시기가 예전보다 10년 정도 늦춰졌다. 싱글은 싱글대로, 유부녀는 유부녀대로 엄마와의 심리적 탯줄을 끊지 못한 경우가 많다. 그렇다 보니 '모녀 전쟁'이 끊이지 않는다. 이게 시대적 대세라면 우리 모두 '엄마와 잘 지낼 수 있는 방법'을 모색해야 한다.

50, 60대인 엄마와 20, 30대인 딸은 태어나고 자란 시대가 다르다. 당연히 생각의 방향도 다르다. 통하는 것이 오

히려 이상할 정도다. 서로 다르니 부딪칠 수밖에 없음에도 딸들은 '내가 엄마에게 이러면 안 되지⋯⋯'라며 자책감을 갖는다.

성경에도 나와 있듯이 자녀가 부모를 공경하는 것은 당연하다. 그런데 그다음 구절은 왜 무시하는가? 부모도 자녀를 화나게 만들지 말아야 한다. 이 말도 있다. "성인 대 성인으로 서로를 존중하라."

아이를 갖는 순간 엄마에게 모성애가 생겨난다면, 딸은 자라나면서 '엄마애'가 생기는 것 같다. 엄마를 무조건 사랑하고 순종해야 한다고 생각한다는 말이다. 이 같은 엄마애가 지나치면 모든 행동에 자책감을 갖게 되는데, 이는 살아가는 데 아무 도움이 되지 않는다.

이 세상의 모든 딸은 엄마와 싸우고 화해하기를 끊임없이 반복한다. 그러니 엄마와 사이가 나빠졌다는 이유로 자책하지 말자. 착한 딸 콤플렉스가 있는 여성일수록 '엄마와 사이가 나쁘다'는 사실만으로 자존감이 떨어진다. 이렇게 떨어진 자존감은 다른 사람과의 관계에도 악영향을 미치니 경계할 필요가 있다.

원래 안 맞는 게 정상이라는 사실을 받아들이고, 모녀 관계에 대한 환상에서 벗어나자. 그리고 아래 세 문장을 소리 내어 읽어보자.

"엄마와 나는 다른 존재다."

"엄마와 싸울 수도 있다."

"엄마와 꼭 친하게 지내야 할 필요는 없다."

부모 자식 사이에도
예의가 필요하다

엄마와 사이 좋을 필요가 없다는 말을 '엄마와 관계가 나쁜 상태여도 괜찮다'고 1차원적으로 이해하지 마라. 이건 엄마를 전지전능한 신으로 여기지 말라는 의미이자 엄마에게도 예의를 지키라는 주문이다.

얼마 전, 대학 후배와 이런 대화를 주고받았다.

"밖에 있는데 엄마가 자꾸 연락해요."

"네가 집에 들어갈 시간이 지났으니까 그런 게 아닐까?"

"알아서 들어갈 건데 왜 연락해요."

"엄마는 무작정 기다려도 되는 사람이 아니야. 부모에게도 예의를 지켜야 하지 않을까?"

모녀가 전쟁을 일으키는 이유 중 빼놓을 수 없는 게 '연락하지 않는 딸과 기다리는 엄마'다. 스물이든 마흔이든 엄마 눈에 딸은 집으로 돌아올 때까지 기다려야 하는 존재다. 밖에서 무슨 일을 하고 다니는지, 따로 살면 밥은 잘 먹고 다니는지, 연애라도 하면 남자 친구랑 사고라도 치는 건 아닌지 별의별 걱정을 다한다. 그러므로 딸들에게는 엄마를 안심시켜야 할 의무가 있다.

문자나 전화로 안부만 들려줘도 엄마들은 안심한다. 나는 이 작업을 '엄마 안심시키기'라고 부른다. 엄마에게 직접 이야기하기가 쑥스럽다면 문자나 메신저로 다음과 같은 짧은 메시지라도 남겨라.

"엄마 요즘 저 이렇게 살고 있고, 잘하고 있어요."

'못 미더운 딸'에서 '한시름 놓은 딸'로 신분상승이 이뤄지는 것을 체감할 수 있을 것이다.

우리도 언젠가
엄마가 된다

"난 절대로 엄마처럼 안 살 거야!"

엄마와 싸울 때 자신도 모르게 툭 튀어나올 수 있는 말이다. 하지만 절대 함부로 해서는 안 되는 말이기도 하다. 딸에게 인생을 부정당했을 때 엄마가 받게 될 상처는 딸의 짐작보다 훨씬 크고 깊다. 엄마에게 위로를 건네고 싶다면 다음과 같이 말해보자.

"나도 엄마처럼 살고 싶어. 하지만 엄마처럼 희생할 자신이 없어. 나 참 못된 딸이다. 그치?"

마음에서 우러나오지 않아도 꼭 한 번 해봤으면 좋겠다. 엄마에게도 위로가 필요하고 가족에게 인정받고 싶은 욕구가 있다. 딸과 마찬가지로 말이다.

완벽한 딸이 없듯 완벽한 엄마도 없다. 엄마 역시 미숙한 존재이며 끊임없이 시행착오를 통해 성장해나가는, 우리와 똑같은 사람일 뿐이다. 평소 엄마와 갈등이 있다고 해도 너무 자책하지 마라. 내가 무슨 말을 하든 엄마는 쉽게 바뀌지 않는다. 다만, 엄마는 '이런 여자'라는 관점을 가지고 성인 대 성인의 모습으로 바라보라. 엄마와의 갈등이 더 이상 중대한 문제가 되지 않을 것이다.

엄마를 듣는 시간

영화 《인어공주》는 가출한 아버지를 찾아 제주도로 떠난 20대 나연이 예기치 않게 20대 때의 엄마, 연순과 만나는 이야기다. 이 영화에서 연순은 나연이 자신의 딸인 줄도 모르고 자기 속마음을 털어놓는다. '엄마의 고백'을 들으며 나연은 현재 엄마의 인생을 이해하고, 엄마 또한 자신과 똑같은 '여자'라는 사실을 깨닫는다. 우리도 나연처럼 엄마의 삶에 대해 들어보는 시간을 가져보면 어떨까?

친구들과는 몇 시간씩 이야기를 나누지만, 엄마와는 10분도 편하게 대화하기가 어렵다. 하루에 10분이 아니라, 평생 10분이 어려운 경우도 있다. '엄마를 듣는 시간 Listening time for my mom'은 이런 취지에서 떠올린 처방이다.

"엄마의 엄마는 어떤 분이었어요?"

"엄마는 어떤 가수를 좋아했어?"

"아빠랑 첫 데이트 때 어땠어?"

"엄마가 가장 좋아하는 음식은 뭐야?"

처음에는 엄마가 낯설어하겠지만 이야기하면 할수록 점점 소녀로 돌아가는 듯 보일 것이다. 그런 과정을 통해 내가 나에 대해 다 아는 것이 아니듯, 딸이라고 엄마에 대해서 다 아는 것이 아니라는 사실을 새삼 깨닫게 된다. '엄마에게 받지 못한 결핍감'을 치유하는 데 도움이 될 수도 있다. 원래 사랑은 상대를 이해하려는 노력에서부터 시작되는 법이다. 엄마에게도 그런 노력을 해보는 것이 좋다. 이해하려고 노력하다 보면 엄마를 전보다 더욱 사랑하게 될 수도 있다.

엄마에게 투정을 부릴 수도 있고, 엄마와 다툴 수도 있다. 그러나 어떤 경우에도 그녀가 '나의 엄마'가 되기 위해 태어난 사람이 아니라는 사실은 잊지 말자. 그저 '지금' 나의 엄마로서 존재하는 것뿐이다. 딸들의 고민을 엄마들도 젊은 시절에 다 했다. 가끔은 엄마가 아닌 여자로서 엄마를 존중하고 대우하라. 평상시에 사이가 좋지 않더라도 충분히 원만한 관계를 유지해나갈 수 있을 것이다.

#사랑은_상대를_이해하려는_노력에서_시작된다

'부모의 문제'를 '나의 문제'로
착각하지 마라

'수용'에도 연습이 필요하다

집안에 문제가 발생하면 가족 구성원 모두 인생의 속도가 늦춰진다. 이처럼 '속도를 줄이는 일'은 다른 구성원보다 20대들에게 더 크게 상처가 된다. 또래 친구들은 100킬로미터 속도로 인생의 진도를 빼는데 자기만 50킬로미터로 가게 되면 취업, 연애, 사회경험 등 그 나이에 얻어야 할 가치들을 내면화하는 데 배 이상의 시간이 걸린다. 내 취업, 내 연애 등 인생의 진도를 뺄 때마다 '가족 문제'라는 정류장을 들러야 하기 때문이다. 이미 가진 것보다 앞으로 얻어야 할 것이 많은 청춘에겐 치명적일 수밖에 없다.

현재 가족 문제 때문에 힘들다면 온라인은 물론 오프라인에서도 잠시 잠수를 타라. 짧게는 6개월, 길게는 2년 정도 자신을 추스를 시간을 가지면 외부자극에 대한 예민도는 물론 속도에 덜 민감해질 수 있다. 이는 가족의 무게를 외면하기보다 기꺼이 짊어지라는 주문이기도 하다.

혼자서 잘 살아도 집안에 문제가 생기면 자존감 내지 가치감이 하락한다. 가족을 외면하고 혼자서 웃고 다니면 정말 행복할까? 나중에 가족의 상처를 외면했다는 자책감이 들 수 있는 만큼 '아파도 수용하는 연습'을 했으면 좋겠다.

부모의 '과오'를
당신의 '상처'로 만들지 마라

"나는 평생 일만 하느라 아들과 사이가 좋지 않아요. 그래도 우리 아들이 참 착해요. 사업이 망하고 재기하는 데 5년이 넘게 걸렸는데, 우리 아들이 묵묵히 기다려줬거든요. 그때 나는 아들이 나를 가슴으로 봐준다고 느꼈어요."

연로한 할아버님이 우리 병원에 와서 한 말이다. 할아버지가 진료실을 떠난 후에도 '가슴으로 봐준다'는 말이 한참이나 내 마음을 맴돌았다. 자녀들은 보통 '우리 부모는 절대 실패해서는 안 돼'라고 생각한다. 부모는 자녀가 똥오줌을 가리는 것까지 기다려주지만, 자녀는 부모의 어떠한 퇴행도 견디지 못한다. 당장 자신의 인생이 불편해지기 때문이다. 우리가 시행착오를 겪듯, 중년의 부모도 시행착오를 겪는다. 그러니 자녀도 부모의 성장통을 가슴으로 봐주는 시기를 가져야 한다. 이 같은 결론을 얻고 난 후, 나는 부모의 사업 실패, 은퇴로 인해 힘들어하는 청춘들에게 자신 있게 이야기한다.

"모든 자녀는 부모로 인해 경제적, 심리적으로 힘든 때가 온다. 시기만 다를 뿐 어느 누구도 피할 수 없다. 부모가 널 돌봐주고 기다려줬듯, 지금은 네가 그렇게 해줘야 한다."

이것을 진심으로 수용하기 위해서는 내 부모도 불완전한 존재이며, 미숙한 상태로 남은 생을 살아야 하는 존재라는 관점을 가져야 한다. 50, 60대라고 삶을 모두 아는 것은 아니다. 부모 역시 시행착오를 통해 성장해야 할, 단지 나이만 많은 '어른아이'다. 이것을 인정해야만 부모의 과오를 자신의 상처로 가져오지 않을 수 있다.

내 인생을 지키는 법

〈로마의 휴일〉에 출연해 세계적인 스타가 된 오드리 헵번은 영화 밖에서 더 사랑받은 배우다. 하지만 미모면 미모, 연기면 연기, 마음이면 마음, 모든 것을 갖고 태어난 그녀에게도 말 못할 가족사가 있었다. 아버지가 유대인 학살에 참여한 나치 당원이었던 것이다. 아버지는 자신의 존재가 딸에게 누가 될까 철저히 숨었다. 하지만 우연히 아버지의 존재를 알게 된 오드리 헵번은 곧장 아버지가 있는 아일랜드의 요양소로 날아갔다. 나치 당원이었건 전범이었건 아버지가 자신의 가족이기 때문이다.

이것이 쉬운 선택이었을까? 절대 그렇지 않을 것이다. 오드리 헵번이 전 세계를 돌며 구호 활동에 전념한 이유

중에는 조금이라도 아버지의 죄를 갚고자 하는 의도도 있었을 것이다. 오드리 헵번은 성숙한 방어기제인 '승화'를 사용함으로써 '나치 집안'이라는 꼬리표를 잘라냄은 물론 자신의 인생도 지켰다.

모든 터널은 끝이 있기 마련이다. 아무리 길어도 끝이 없는 터널은 없다. 끝과 만나는 과정이 쉽지 않겠지만, 현재 자신이 터널 안에 있다면 어둠도 수용할 줄 알아야 한다. 이 세상에 한순간도 어둠이 드리우지 않는 집은 없다. 어둠은 어차피 찾아오는 불청객이다. 장담컨대 이때 이룬 성장이 평생 이룰 성장보다 클 것이다.

#부모의_성장통을_가슴으로_바라보라

5장

사랑은 상처를
허락하는 것이다

#사랑 #설렘 #연애 #이별 #섹스

나 자신에 대한
최소한의 예의를 지켜라

사이킥 에너지

"연애는 청춘의 직업이에요. 하지만 연애만 하는 것은 곤란해요."

위와 같은 이야기를 하면 10명 중 8명의 여성은 눈이 휘둥그레진다. 보경 씨도 그중 한 명이었다. 그녀는 6개월 전 5년 동안 만난 남자와 이별했고, 최근 그의 결혼 소식을 전해 들었다. 그 충격에 폭식증을 겪고 있었다. '이별했다고 폭식증까지?'라고 생각할지 모르겠다. 하지만 보경 씨는 사랑을 지키기 위해 2년 반이나 준비한 공무원 시험에 붙어놓고도 근무지가 지방이라는 이유로 포기할 정도로 연애에 몰입했다.

"공무원이 엄청 되고 싶었던 것도 아니었고, 막상 지방으로 내려가려니 남자 친구가 걸렸어요. 문제는 그때부터 제가 남자 친구에게 집착하고 조금만 서운해도 화를 냈다는 거예요."

보경 씨는 사이킥 에너지를 너무 많이 사용한 결과 사랑, 직업, 건강까지 잃었다. 사이킥Psychic의 사전적 의미는 초자연적인 현상이다. 논리적으로 설명할 수 없는 초자연적인 마음, 이것이 바로 사랑이 아닐까? 사이킥 에너지란 상대방을 간절히 원하고, 상대방과 함께 하고 싶고, 상대방에게 나를 보내고 싶은 마음이다. 어디를 가도 상대방만 보이고, 상대방과 관련된 음악이 흘러나와도 저절로 미소가 번지는 현상. 이것이 바로 사이킥 에너지가 활성화되고 있다는 증거다.

지금의 사랑을 보잘것없게 만들지 마라

누구나 한 번쯤은 사랑 때문에 힘든 시기를 보낸다. 그런데 '자신을 불태우는 사랑'을 경험한 사람들은 마음 편한 사랑을 사랑이라고 느끼지 못하는 경향이 있다. 그들은 자꾸 힘든 사랑만 하려고 한다. 이것을 두고 경향성Neigung이라고 한다. 경향성이란 마음의 중심을 잡지 못하고 한쪽으로만 치우치는 성향이다.

연애가 사치인 시대지만, 아직도 많은 여성이 불같은 사랑을 꿈꾼다. 여자는 결혼했든 하지 않았든 '더 나은 남자가 있을 거야'라는 주문을 외우며 사는 존재인 것 같다. 그래서일까. 남자 친구가 있음에도 여지를 두는 여성이 많다. 불같은 사랑을 경험했거나 그런 사랑을 쫓는 여성일수록 현재 괜찮은 연애를 하고 있음에도 다른 사랑을 기다린다. 뜨겁게 사랑한 기억이 현재의 사랑을 보잘것없게 만들기 때문이다.

'얘보다 더 좋은 사람이 있을 거야', '나를 더 사랑해주는 사람이 있을 거야'라며 뜨거운 연애 상대를 찾지 마라. 현재의 연애가 채워주지 못하는 결핍을 막연한 미래에서 앞당겨 채움으로써 보상받지 말라는 뜻이다. 20대에 불타는 사랑을 하는 것보다 더 중요한 것은 건강한 사랑을 경험해보는 것이다. 꼭 힘들어야만 사랑인 것은 아니다. 편향된 사랑을 쫓는 건 이후의 내 연애를 더욱 힘들게 만들 뿐이다.

'연애 불구자'에서 벗어나는 법

연애에서 사이킥 에너지가 최고조에 다다르는 때가 언제일까? 바로 연애 초창기다. 연애 초창기에는 상대방에 대해 하나라도 더 알고 싶고, 그의 말 한마디에 녹아내린다.

이런 사랑에 중독될수록 오랜 연애를 하지 못하고 3개월짜리 연애만 하게 된다. 이건 상대방을 사랑해서가 아니라 사랑받는 기분을 느끼게 해주기 때문에 연애를 하는 것이다. 나는 이것을 연애 중독이라고 표현한다.

호흡이 긴 연애를 한 적이 없다면 무슨 문제가 벌어질까? 결혼할 남자가 나타나도 놓칠 확률이 높아진다. 단기 연애만 한 사람은 한 달이면 한 달, 세 달이면 세 달 안에 자신의 모든 매력을 발산하는 데 익숙하다. 즉, 연애가 길어지면 말 그대로 비상사태가 일어나는 것이다. 어떻게 깊은 관계를 만들고 신뢰를 형성해야 하는지 전혀 알지 못하니 연애 바보가 된다.

연애도 엄연히 관계다. 관계에는 저마다 갖고 있는 패턴이란 게 존재한다. 그래서 제대로 된 연애를 경험해야 한다고 당부하는 것이다. 좋은 사람을 만나고 싶으면 좋은 사랑을 한 흔적이 있어야 한다.

극도의 몰입 연애만 하는 여성이 오면 나는 당분간 연애를 하지 말라고 처방한다. 고품격 연애를 위해서는 연애 공백기 동안 자신의 연애에 대한 성찰, 자존감을 끌어올리기 위한 자기 관리 등이 뒷받침되어야 한다. 좋은 연애를 해본 사람은 다음 사랑을 쉽게 선택하지 않는다. 연애 그 자체보다 사랑의 격, 만남의 깊이를 채워줄 만한 대상과 만나는 것이 중요하다는 것을 경험으로 알기 때문이다. 단기 연애만 해왔다면 지금은 잠시 사랑을 내려놓길 바란다.

'썸'이 주는 심리적 이득

미국의 작가 데이비드 세다리스는 인생을 '버너'에 비유했다. 이에 따르면 인생에는 사랑, 가족, 친구, 휴식, 건강, 일 등 다양한 버너가 존재하는데 성공을 거두기 위해서는 이 중 한 개 내지 두 개의 버너를 꺼야 한다.

삶의 다양한 감정 중 사랑이 가장 큰 화력을 지니기 때문에 연애하는 동안에는 다른 버너가 꺼질 수밖에 없다. 이것이 바로 연애를 시작하면 가족이나 친구에게 소홀해지고, 이별 후에는 건강과 일에 지장이 오는 이유다. 결론적으로 사랑과 성공 혹은 사랑과 관계 등 두 마리 토끼를 잡는 일은 거의 불가능하다.

그렇기 때문에 나는 소위 말하는 '썸'을 긍정적으로 바라본다. 썸을 두고 "관계에 소극적이다", "책임지기가 싫어서 썸만 탄다"라며 부정적으로 말하는 사람도 있다. 그러나 연애에 집중함으로써 다른 생활이 엉망이 되는 사람에게는 썸이 순기능을 발휘하기도 한다. 더군다나 요즘처럼 해야 할 과제가 많은 환경에서 사랑에만 에너지를 쏟으면 인생의 중심을 잡을 수 없다. 허덕이며 살아야 하는 현실에서 사랑만 좇는 것은 비생산적이다. 사랑이라는 버너를 켜겠다는 목표 때문에 아무하고나 만나는 부작용을 낳을 수도 있다. 말 그대로 '연애를 위한 연애'를 하게 되는 것이다.

불같은 사랑을 한다는 건 자기 세계를 포기한다는 뜻이다. 불같은 사랑을 로망으로 두는 것도 나쁘지 않다. 해보지 못했으니 희망도 품을 수 있다. 하지만 이것만은 기억하라. 연애를 잘한다는 건 인기 많은 남자를 많이 만나거나 끊임없이 연애하는 것이 절대 아니다. 서로 함께 성장하는 관계를 만들어나가는 것. 이것이 연애를 잘하는 것이다.

#불같은_사랑만이_사랑인_것은_아니다

당신의 마음을 더 단단하고
선명하게 만드는 힘

사랑에도 용기가 필요하다

대한민국 미혼 남녀 열 명 중 한 명은 모태솔로라는 연구 결과가 있다. 미디어에서 모태솔로는 어딘가 부족한 사람으로 묘사되지만, 실제로 만나본 모태솔로 중에는 매력적인 사람이 많았다. 그중에는 누군가와 함께하는 불편함보다 혼자 있는 즐거움을 택하겠다는 의지를 가진 부류도 있었다. 스스로 선택한 싱글 라이프를 문제 삼을 필요는 없다. 하지만 연애를 할 수 있는 내적·외적인 조건이 충분하고, 연애를 하고 싶은데도 못하는 사람이라면 문제가 있다고 봐야 할 것이다.

낮에는 스펙을 쌓고, 저녁에는 아르바이트를 하기 위해 연애를 미루다 보니 모태솔로가 되었다면 이 말을 명심하라. 당신은 사랑할 능력이 결핍된 것이 아니라 사랑할 용기가 부족한 것뿐이다. 그러니 자신을 부족한 사람이라고 여기지 말고, 사랑을 있는 그대로 이해하고 받아들이는 연습을 해나가자.

모든 만남이 무거울 필요는 없다

많은 청춘이 모태솔로에서 벗어나는 방법으로 소개팅을 이용한다. 그런데 연애에 서툴수록 연애를 결혼의 선행 활동으로만 여기는 경향이 있다. 소개팅에 나가는 날부터 상대방과의 결혼까지 생각한다면? 소개팅 장소로 향하는 발걸음이 가벼울 리 없을뿐더러 그 자리에서도 즐기지 못하고 돌아온다.

연애 상대를 배우자감 고르듯 신중을 기하는 사람이 많아지고 있다. 직업뿐만 아니라 연애마저도 안정지향적인 성향이 두드러지는 것이다. 자신이 이런 유형이라면 '꼭 커플이 되지 않아도 좋아. 좋은 사람을 알아두는 건 나쁘지 않으니까'라는 생각으로 이성을 대하는 마음을 안정시키길 바란다. 사심이 깊으면 몸과 마음이 무거워지는 법이다. 매력은 자신이 편안한 상태일 때 발산되며, 상대 역시 이런 모습에서 매력을 느낀다.

심장이 먼저 반응하는 사람
머리가 먼저 반응하는 사람

한창 연애할 나이에 결혼을 목표로 이성과 만나면 '미스 매칭의 비극'이 일어난다. 상대의 조건만큼이나 중요한 게 외모나 매력이기 때문이다.

30대 초중반 여성들도 입으로는 결혼을 원한다고 하면서도 정작 좋아하는 남자는 강동원이나 조인성처럼 키 크고 잘생긴 남자들이다. 이것이 바로 미스 매칭의 비극이다. 혹시 지금 미스 매칭의 비극을 저지르고 있는 건 아닌지 스스로에게 물어보라. 자문 결과 매력적인 남자와 데이트하고 싶다는 결론이 나오면 그때는 심장이 반한 남자를 택해야 한다. 그래야만 다음에 결혼상대로 괜찮은 남자가 왔을 때 뒤돌아보지 않고 잡을 수 있다. 반대로 '배우자를 원한다'는 답이 나오면 그땐 확 끌리지 않아도 이 정도라면 함께 살아도 괜찮겠다는 남자를 선택하면 된다.

봄, 여름, 가을, 겨울이 순서대로 오듯 연애와 결혼도 순서가 있다. '연애는 몽땅 생략, 결혼은 한 번에 성공' 이런 일은 거의 일어나지 않는다. 여러 번 연애하는 과정에서 '나는 이런 남자와 결혼해야 행복하겠구나'라는 걸 체감하게 되고, 거기에 준하는 남자가 만두같이 생겼어도 결혼을 마음먹을 수 있다.

귀찮고 무섭고 두려워도
꼭 한 번은 해야 하는 그것

"괜찮은 남자들이 절 좋아해서 연애를 못하겠어요."

이런 고민으로 12년째 모태솔로인 여자가 있다면 믿겠는가? 자존감이 낮으면 충분히 이럴 수 있다. 민혜 씨가 이런 경우였다. 남들은 어떻게든 좋은 남자를 만나려고 온갖 노력을 기울이는데, 민혜 씨는 괜찮은 남자에게 고백을 받음에도 계속 사랑을 거부했다. 민낯에 대한 두려움이 컸기 때문이다. 그녀는 자신의 실체를 알면 남자가 떠날 것이라는 믿음이 확고했고, 이 같은 믿음이 사랑으로 향하는 그녀의 발목을 매번 붙잡았다.

민혜 씨는 '진짜 나'와 '보이는 나' 사이의 간격이 너무 커서 상대방에게 내보일 용기가 나지 않는다고 했다. 그런데 말이다, 나는 속 시원하게 들켜봤으면 좋겠다. 그래야 상대방이 과하게 평가한 것이 아니라는 사실을, 부족한 모습을 알아도 좋아해준다는 사실을 깨달을 수 있기 때문이다.

"민혜 씨가 사랑을 포기하면 그 사랑은 다른 여자가 가져가요. 왜 다른 사람에게 좋은 일을 시켜요."

나는 그녀에게 눈 딱 감고 한 번만 용기를 내보라고 조언했다. 왜 본인이 사랑할 자격을 결정하고 도망부터 치는가? 그건 사랑에 대한 예의가 아니다.

민혜 씨처럼 사랑 앞에서 망설이는 여성이 내담하면 빼놓지 않고 꼭 해주는 말이 있다.

첫째, 사랑 자체가 원래 불완전하다. 세상의 어떤 사랑도 안정적이지 않다. 다른 사람들이 하는 연애는 편하고 아무 문제도 없어 보이는가? 다른 사람들 또한 치열하게 사랑을 앓는 중이다.

둘째, 사랑하다 실패해도 상처지만 포기하는 것도 상처가 된다. 사랑하지 않으면 상처도 받지 않는다고 생각하는가? 그렇지 않다. 마땅히 누려야 할 사랑을 포기하며 받는 상처는 치부를 들키지 않고 얻는 안정감보다 두 배 이상 크다. 연애도 20대 때 꼭 해야 할 중요한 발달 과업이다. 20대에 제대로 된 연애를 하지 못하면 나이가 들수록 자존감이 낮아진다.

사랑하면서 이루는 성장은, 우리가 일생 동안 이루는 성장과 거의 맞먹는 수준이라고 한다. 사랑을 포기하면 안 되는 또 다른 이유다. 사랑할 때만큼 자신에 대한 열정이 높아지는 때도 없다. 이 열정을 불태우다 보면 그게 곧 나 자신을 사랑하는 일이 된다. 사랑을 통해 '이전과 다른 나'

로 다시 태어나고 싶지 않은가? 사랑만큼 성장에 동기를 부여하는 감정도 없다.

#사랑은_원래_불완전하다

섹스를
철학하라

당신의 잠자리는
안녕하십니까?

얼마 전 재미있는 기사를 봤다. 〈올 봄, 당신이 여전히 '모쏠'인 이유 열 가지〉라는 제목의 기사인데, 그중 다음과 같은 내용이 있었다.

미국 플로리다 대학교를 포함한 5개 대학교의 연구팀이 참가자 6,500명을 대상으로 '관계를 그만두게 만드는 요인'에 대한 설문 조사를 했다. 이 조사에서는 연애를 지속하지 못하게 만드는 요인을 딜 브레이커Deal Breaker라고 칭했는데, 응답자늘이 내놓은 답 열 가지 중 네 가지나 섹슈얼리티 이슈가 들어 있었다.

1위. 깔끔하지 못한 외모
6위. 성적 만족을 주지 못함
7위. 자신감 부족
9위. 성욕 부족

나는 위 항목 중 9위에 랭크된 성욕 부족이 가장 먼저 눈에 들어왔다. 요즘 섹스리스 때문에 고민하는 연인이 늘고 있기 때문이다. 성욕의 양에서 차이가 큰 것만큼 곤혹스러운 일도 없다. 성욕이 없는 쪽은 상대가 섹스를 위해 자신을 만나는 것 같아 기분이 나쁘고, 성욕이 높은 쪽은 늘 아쉬운 소리를 해야 하니 자존심이 상한다. 관계를 가지는 횟수에서 갈등이 일어나는 일도 적지 않다. 결혼 전에 속궁합을 맞춰보라는 말도 그래서 있는 것이다.

연인 사이에서의 섹스리스

소희 씨는 지난 1년, 세 번이나 데이트 상대가 바뀌었다. 세 번째 남자와 이별한 후 그녀가 상담실을 찾아왔다.

"자, 이번에는 뭐가 문제였을까요?"

"제가 문화재도 아닌데 왜 지켜줘요? 그래서 찼어요."

"매번 사랑에 열정적인 게 힘들지 않아요?"

"힘들어요. 근데 저는 결혼을 빨리하고 싶어요. 서른 전에 결혼하려면 많은 남자를 만나야 하지 않나요?"

"결혼하고 싶으면 결혼할 생각이 있는 남자를 찾아야 하지 않을까요?"

"무슨 말인지는 아는데요. 저는 속궁합이 중요한 사람이에요."

소희 씨를 보면서 여성들이 상당히 주체적으로 변했다는 사실을 실감한다. 많은 여성이 섹스 문제로 내원한다. '밝히는 여자'가 되는 것은 싫지만 성욕을 참는 일 또한 싫다는 이유에서다. 이런 상담을 위해 내원하는 연령대는 대체로 20대 초중반이다. 첫 경험 시기가 빨라졌으며, 성에

권대한 문화에서 성장한 영향이 큰 것 같다.

"연애 초반에는 일주일에 몇 번씩 사랑을 나눴는데, 연애 기간이 길어지면시 한 달에 한 번도 관계를 갖기 힘들어요."

이와 같은 고민을 토로하는 여성들에게는 육체적 관계보다 자신에 대한 남자의 헌신이 줄어든 것에 대한 아쉬움이 크다는 공통점이 있다. 연애 패턴이라는 게 그렇다. 초반에는 남자가 선물도 많이 주고, 차로 데리러 오는 등 애정공세를 펼친다. 그러다 6개월 정도 지나면 남자의 헌신이 줄어드는데, 이 시기가 딱 섹스가 줄어드는 때다. 그럼 여자들은 이렇게 생각한다.

'전에는 내가 옷차림만 달라져도 모텔로 끌고 갔는데 오늘은 그냥 들여보내네.'

연애 침체기의 원인을 항상 섹슈얼리티에서 찾는 느낌이다. 이런 유형의 여성이 찾아오면 나는 "이제 당신이 노력해야 할 차례"라고 조언한다. 사랑을 그만두는 건 노력한 다음에 해도 늦지 않다.

사랑은 노력이다. 이 노력 안에는 육체적 사랑도 포함시

켜야 한다. 사랑의 호르몬인 도파민의 유효기간이 2년뿐이라고 하지만 시간, 마음, 에너지를 진실하게 나눈 연인이라면 조금만 노력해도 충분히 뜨거운 관계로 돌아갈 수 있다.

섹스를 철학하는
여자가 되어라

미국에서 청소년을 위한 성교육을 진행한 적이 있다. 성교육은 단순히 피임도구를 나누어주는 데 그치지 않았다. 소그룹을 나눠 '섹스를 철학하는 법', '자기주장을 하는 법', '신체를 보호하는 법', '서로의 마음을 다치지 않게 하는 법' 등에 대해 토론을 벌였다. 이런 이야기를 자유롭게 나눈다는 것 자체가 당시에는 경이로운 일이었다.

그때 나는 학생들에게 사다리를 그리면서 '내가 누군가와 사귄다면 신체적 접촉을 어디까지 허용할 생각인가?' '어디까지라고 정했다면 그 이유는 무엇인가?'에 대한 답

올 써보게 했다. 이는 "안 돼"가 "돼"인줄 알고 접근하는 이성에게 이끌려 무방비 상태로 성을 경험하는 것이 아니라, 충분히 능동적으로 상황을 시뮬레이션하도록 돕는 과정이었다.

철학자 에리히 프롬이 쓴 《사랑의 기술》이라는 책을 보면 '사랑은 참여하는 것이지 빠지는 것이 아니다'라는 문장이 나온다. 참여하는 것은 '능동적인 사랑'인 반면, 빠지는 것은 수동적인 사랑이다. 에리히 프롬은 줌Give으로써 참여하는 사랑을 만들 수 있다고 한다. 이때 '준다'는 의미는 다양하다. 철학자는 "남성은 자신의 성기와 정액을 여자에게 준다. 여자도 마찬가지다. 여자는 여성의 중심을 향해 문을 열어준다. 받아들이는 행위에서 그녀는 주는 것이다"라며 섹스야말로 능동적으로 사랑을 나누는, '줌'을 실천하는 방법이라고 한다.

성적으로 많이 개방된 사회라는데 우리는 왜 이런 내용의 성교육을 받아본 적이 없는 걸까? 섹스는 능동적으로 사랑을 만들어나가는 데 빠져서는 안 되는 중요한 활동인데 말이다. 이런 교육을 받지 않고 성을 경험하게 되면, 기둥이 없는 지붕처럼 불안할 수밖에 없다.

묻지도 따지지도 않고 무작정 만나 섹스하는 채팅이 유행이라고 한다. 이런 만남을 하는 여성 중 대다수가 평범한 여성이다. 이런 일이 벌어지는 이유는 이중 메시지 Double Bind 때문이다. 그레고리 베이트슨이라는 학자는 마음의 혼란을 유발하는 대화로 이중 메시지를 이야기했다. 같은 상황에 대한 상반된 메시지가 혼란을 가중시킨다는 것이다. 부모님들은 성에 엄격한 마지막 세대인 반면, 젊은 친구들은 개방적인 문화에서 자란 첫 세대라서 이 문제가 더욱 두드러진다. 기성세대는 유교적인 관점으로 자녀에게 성교육을 시켰는데, 막상 자녀들이 자라는 환경은 성에 지나치게 관대하다. 이 자체가 이중 메시지다.

엄마의 교육대로 정숙한 여자가 되고 싶으나, 경험이 없으면 친구들과의 대화에 끼지 못하니 성 정체성에 혼란을 겪는다. 이 같은 이중 메시지에 흔들리다 보면 남자 친구하고는 선을 지키려고 노력하면서도 처음 본 남자하고는 섹스하는 말도 안 되는 상황을 벌일 수 있다.

섹스 중독으로 힘들어하는 사람들은 섹스 자체보다 상

대의 신체적·정신적 에너지가 자신에게 집중되는 몰입감
에 중독된 경우가 많다. 그만큼 섹스는 서로의 우주를 경
험하게 해주는 굉장한 경험이다. 정말 사랑한다면 마음껏
사랑을 나누어라.

#사랑은_참여하는_것이지_빠지는_것이_아니다

결혼은 쉽지만
가정을 꾸리는 일은 어렵다

결혼은
여자만의 것이 아니다

여자들과 대화하다 보면 마치 '결혼은 여자의 것'이라고 생각하는 듯한 인상을 자주 받는다. 결혼에 대해 어렸을 때부터 가져온 소망이 있기 때문이다. 그런데 남자라고 그런 소망이 없을까? 남자들에게도 그런 소망을 실현시키고 싶은 욕구가 있을 것이다. 남자라고 결혼에 대한 소망을 포기해야 한다는 건 말도 안 되는 소리다. 그렇기에 결혼 전 남녀가 결혼에 대한 큰 그림을 함께 그리고 서로 맞취보는 시간을 가질 필요가 있다. 그런 시간을 갖지 않으면 신혼 초기에 기득권을 갖기 위해 싸울 수밖에 없으니까 말이다.

미국에는 예비부부의 결혼생활을 위한 결혼예비상담 Premarital Therapy 프로그램이 있다. 이 상담 내용에는 종교, 경제, 습관 등 10가지가 넘는 영역이 있다. 내용을 자세히 살피면 다음과 같다.

- 상대방이 일주일에 몇 번 친구와 만나는 것을 허용하겠는가?
- 상대가 종교생활을 영위하는 데 얼마나 많은 시간을 허용하겠는가?
- 돈 씀씀이는 어디에 우선순위를 둘 것인가?
- 집안 살림의 역할 분담은 어떻게 할 것인가?
- 각자 부모님과 거리를 얼마나 둘 것인가?
- 여가시간은 어떻게 보내길 원하는가?
- 성생활은 얼마나 자주 가지는 것이 편안한가?
- 스트레스를 푸는 방법은 혼자 있을 때인가, 여럿이 함께할 때인가?

이런 것을 알고 결혼하는 것과 그렇지 않은 데는 결혼생활의 '질'이라는 면에서 커다란 차이가 존재한다.

영어강사로 일하던 지혜 씨는 임신 후 결혼한 케이스다. 그녀는 집에 있으면서도 '영어 공부방'을 만들어 일하고자 했으나 남편이 한사코 반대했다.

"엄마가 될 준비를 해야지, 무슨 일을 한다는 거야?"

이게 남편의 주장이었지만, 지혜 씨의 생각은 달랐다.

"결혼했다고 왜 내 일을 포기해야 하는지 모르겠어요."

경제권은 어떻게 할지, 시댁에는 1년에 몇 번 방문할지, 자녀 계획은 어떻게 할지 큰 그림을 아예 맞춰보지 않고 결혼했기 때문에 이런 다툼이 벌어지는 것이다. 이런 일이 반복되면 이혼이라는 선택을 하게 될 수도 있으니 결혼 전에 꼭 대화를 나눠봐야 한다.

경제적인 기초를 닦는 시간

결혼 준비는 크게 세 가지로 나눌 수 있다. 함께 살 집을 알아보고, 혼수를 준비하고, 경제관념을 맞춰보는 '물리적인 준비'가 첫 번째다. 만약 맞벌이를 한다면 통장을 합칠 것인가 말 것인가부터 합의해야 한다. 이것이 침대를 어디에서 살 것인지보다 훨씬 중요하다.

만약 예비 신부가 나에게 어떻게 할 것인지 묻는다면 단 1년이라도 통장을 합치지 말고 지내보라고 당부하고 싶다. 돈에 대한 가치관과 씀씀이는 집안의 영향을 상당히 받는다. 부모가 소비 지향적이면 자녀 역시 소비 위주로 생각한다. 부모가 절약을 강조하면 자녀 역시 절약 위주로 생각한다.

서른둘에 결혼을 한다고 가정하면, 적어도 각자 5년 가까이 사회생활을 하고 결혼하는 셈이다. 남자는 남자대로, 여자는 여자대로 돈에 대한 가치관이나 습관이 고착된 상태다. 30년 넘게 가져온 가치관과 습관이 결혼했다고 하루아침에 바뀔 리는 없다. 순탄한 합의가 힘들어 신혼 초기에 경제 문제로 많이 다투곤 한다.

그러니 1년 정도는 결혼 후 경제적인 기초를 닦는 기간으로 삼고, 서로의 평균 수입과 소비·소득의 패턴, 양가의 경조사비 등을 살피는 것이 좋다. 그러면서 다양한 항목에 하나하나 합의해나가는 것이 합리적이다.

관계를 지키는 방법

두 번째 결혼 준비는 싱글일 때 관계를 맺고 있던 '나만의 영역'과 결혼 후 생기는 '새로운 영역'을 구분하는 것이다.

"여자들은 결혼하면 기존의 관계가 정리되지 않나요?"

이런 질문을 하는 사람들이 있는데, 이건 선택의 문제다. 왜 그동안 힘들게 쌓아온 인맥을 버리고 동네 엄마들하고만 네트워크를 쌓는가? 결혼하더라도 기존 동료, 동창, 각종 자기계발 모임 등 나만의 영역을 계속 가져가야 한다.

"가족을 위해 내 시간과 취미 생활을 포기했는데 돌아오는 게 없네요."

많은 기혼 여성이 이렇게 말하며 한숨을 쉰다. 하지만 가족이 100퍼센트 정서적 지지Emotional Support를 보낸다 해도 그것을 받는 입장에서는 항상 부족하게 여길 수밖에 없다. 100퍼센트의 만족 자체가 애초부터 존재할 수 없기 때문이다.

하버드 대학교의 데이비드 맥클랜드 교수는 준거집단 Reference Group이 인생의 성공과 실패를 결정한다고 했다. 준거집단이란 습관적으로 만나는 사람들 즉, 개인의 행위에 영향을 주는 집단을 말한다. 결혼하면 엄마, 아내, 며느리로서만 사람을 만나기 십상이다. 이름을 불릴 일이 기하급수적으로 줄어드는 것이다. 그러니 완벽한 결혼생활을 해야 한다는 생각 자체를 버리고, 이름을 불러줄 대상과의 만남에도 비중을 두길 바란다.

그렇다고 결혼생활에 집중하지 말라는 것은 아니다. 결혼 후 1~2년은 남편과 새로운 가족에게 집중하는 시기일 수밖에 없다. 회사에 입사한 후 1년은 업무와 회사 분위기를 익히고, 사내 관계 정립에 몰입하는 것과 같다. 결혼생활도 마찬가지다. 신혼 1년 동안 갖는 부부관계 횟수가 평생 갖는 횟수보다 많다는 말도 있지 않은가. 이 시기는 성적으로 서로를 탐구하고, 오직 상대방에게만 몰입하는 시즌이다. 임신과 출산까지 이뤄진 결혼생활 후 3~5년 차는

가정에 70퍼센트, 다른 관계에 30퍼센트의 에너지를 쏟는 게 바람직하다.

싱글 때처럼 기존 친구나 동료와 시간을 보내기가 힘든 건 사실이니, 기존의 관계는 계속 끌고 가되 신혼 때 주변 사람들에게 양해를 구하는 것이 좋다. 결혼한 친구가 연락이 뜸해지는 것도 이해해줘야 한다. '결혼하니 연락도 없고, 이래서 여자는 안 돼!'라며 서운한 감정을 갖기보다 '신혼 때는 몰입해야 할 시기지' 하고 이해해야, 본인이 결혼할 때도 배려를 받을 수 있다.

내 남자 공부,
그는 어떻게 성장했을까?

마지막 결혼 준비는 예비 배우자의 인생을 이해하는 것이다. 예비부부 또는 커플이 내담해서 '커플 테라피'를 받을 때, 나는 각자 생애 그래프를 그려오는 숙제를 낸다. 미국에서 유학할 때, 첫 수업에서 들었던 '전 생애 발달과정

Lifelong Development' 강의를 응용한 것이다. 전 생애 발달과
정이란 인생 곡선을 그리는 과정을 나타낸다. X축에는 행
복·불행 같은 감정을 표기하고 Y축에는 자신의 생에서 가
장 의미 있는 사건들을 점수로 표기하면 된다.

점선을 연결하면 인생 곡선이 완성되는데, '내가 이때 이
런 일을 겪어서 힘들었구나', '이 사건이 나를 행복하게 해
주었구나' 등의 생각과 함께 자신의 인생을 재점검하도록
도와준다. 삶의 흐름을 시각화·정량화함으로써 앞으로 내
가 원하는 삶의 모습과 점수를 예측해보고, 현재 무엇을
조정해야 하는지 파악하도록 도와주는 과정이라고 할 수
있겠다.

"결혼을 결심하게 된 건 '현재의 모습'이잖아요. 그런
데 우리는 과거와 현재의 총합이거든요. 누군가와 결혼한
다는 건 그 사람의 과거와 내 과거를 합치시킨다는 뜻이
에요. 그러니 상대가 살아온 흐름을 아는 건 굉장히 중요
해요."

이렇게 프로그램의 취지를 설명하면 많은 분이 공감한
다. 결혼한다고 '내 인생, 네 인생은 이제 끝이야'라고 생각

하는 사람은 없을 것이다. 결혼으로 인생이 더욱 풍요로워지리라는 믿음이 없다면 결혼하지 않는 것이 좋다. 서로의 인생을 성장시키겠다는 약속. 이것이야말로 가장 중요한 준비이자, 좋은 결혼생활을 만드는 비법이다.

#결혼은_그_사람의_과거와_내_과거를_ 합치시키는_것이다

이별이라는 이름의
마침표

타인의 이기심과 마주한 순간

"잘해주고 그냥 넘어가주면 습관 돼. 좋아하니까 참고 기다려주고 잘해주는 건데 그걸 고마워 할 줄 모르고, '얘는 막 이래도 되는구나' 한다고. 말을 안 해서 모르는 남자는 말을 해줘도 몰라."

〈연애의 발견〉이라는 드라마에서 여자 주인공이 던진 대사다. 더 많이 사랑해서 '을'로 살아본 경험이 있는 여자라면 공감이 갈 것이다. 이 중에서도 "말을 안 해서 모르는 남자는 말을 해줘도 몰라"라는 대사가 마음에 콕 박혔다. 연애의 '을녀'들이 참다 참다 이별하기로 결심하는 때가 언제인 줄 아는가? 자신은 100만큼 노력했는데 그가 노력해야 할 차에 1만큼도 움직이지 않으려는 이기심과 마주했을 때다. 자신이 을로 있는 동안에만 사랑이 유효하다는 사실을 체감한 뒤, 그녀들은 소중한 자기 자신을 지키기 위해 사랑을 놓아버린다.

이별을 받아들이는 시간

사랑은 심리적인 에너지를 상대에게 갖다 바치는 활동이다. 이별은 그 에너지를 회수하는 일이니 당연히 추스르는 시간이 필요하다. 이별할 때 사람은 심리적으로 누군가를 잃어버리는 '애도 반응'을 단계별로 겪는다. 아직 헤어진 것이 아니라고 '부정'하는 단계에서 '분노'를 거쳐 '우울', '수용'에 이르는 일련의 감정 연쇄반응을 일으킨다. 실연을 견디지 못해 내담한 사람에게 나는 이 반응을 설명하고, 이 과정 가운데 혼자 둥둥 떠다니며 부유하는 자신의 모습을 바라보게 도와준다.

그런데 주변에 이별 소식을 알리면 애도 기간이 미처 끝나기도 전에 새로운 만남을 주선하는 경우가 있다. 사람으로 얻은 아픔은 사람으로 치유해야 한다면서 말이다.

사람으로 얻은 아픔은 정말 사람으로 치유해야 할까? 이별을 감당하기에도 벅찬데 멋진 남자가 눈앞에 있다고 받아들일 수 있을까?

개인적으로, 이별 직후 새로운 이성으로 마음을 치유할 생각은 하지 않았으면 좋겠다. 이별을 받아들이는 데 아직 시간이 필요하다면, 새로운 이성 탐색 대신 미련을 없애는 '마지막 노력'을 권하고 싶다. 사랑을 잃은 사람이 해야 할 첫 번째 과제는 소개팅이 아니라 이별 수용이다.

지영 씨는 10년 사귄 남자 친구와 이별한 30대 후반의 전문직 여성이다. 그녀는 극도의 허무함과 무력감 때문에 우리 병원에 찾아왔다.

"왜 나에게 이런 일이…… 어떻게 그가 나를 버릴 수 있지?"

지영 씨는 이별 후 애도 반응의 과정을 고스란히 겪고 있었다. 자신이 왜 그를 잃었는지 모르겠다는 그녀에게 내가 준 해답은 '충분히 더 슬퍼하기'였다. 마음껏 더 아파해라. 내가 아프다면 그를 충분히 사랑했다는 증거다. 슬퍼할 겨를도 없이 아무렇지도 않은 척하는 것이 오히려 치유를 더디게 만든다. 사랑하던 사람과 헤어졌다면 충분히 슬퍼하자.

미련만큼 미련한 일도 없다

사랑에는 시시때때로 판타지가 끼어든다. 백마 탄 왕자님 혹은 아름다운 공주님을 기다리는 판타지만 사랑에 대한 판타지가 아니다. 사랑이 끝난 후에도 판타지는 어김없이 끼어든다. 주로 헤어진 연인이 날 잊지 못하고 그리워할 거라는 내용이다. 미련을 갖는 쪽은 자신인데도 이를 인정하지 못하는 것이다.

미련이 남는다고 집 앞에 찾아가거나 헤어진 친구의 SNS를 좇는 것은 효과적이지 못하다. 무슨 일이 있더라도 잡고 싶다면 2주 정도 지나서 연락해보는 것이 좋다. 왜 2주

후일까? 이별 직후에는 그동안 만나지 못한 친구들과 만나 밤늦게까지 노느라 이별 후유증을 느낄 새가 없다. 그러다 열흘 정도 지나면 문득 헤어진 연인이 생각난다. 사랑하던 사람의 난 자리가 마음에 아무 영향을 주지 않을 리 없다. 이때 마음의 문을 두드리면 다른 시기보다 훨씬 효과적이다.

"잘 지내? 혹시 우리 이전처럼 돌아갈 수 없을까?"

이런 메시지를 받으면 상대방도 '진지하게 답을 해야겠구나' 하고 진심으로 답변할 것이다. 답변이 희망적이면 좋겠지만, 거절의 메시지가 올 수도 있으니 마음을 단단히 먹어라. 그리고 부정적인 답변이 왔다고 해서 그 답변을 자신의 가치와 연결하지 마라. 둘은 2주 전에 헤어지기로 결심한 사이다. 이게 보통 일인가? 거절은 이 상황을 번복할 의사가 없다는 뜻이지 결코 당신이라는 사람에 대한 부정이 아니다.

2주 뒤에 연락해보라는 건, 다시 잘되리라고 응원하는 게 아니다. 해볼 수 있는 일은 다 해봐야 후회가 남지 않기 때문에 시키는 것뿐이다. '이 정도까지 했으면 됐다. 이제

보내주자'는 결심이 서면 이제는 진정한 연애의 애도 기간을 가져야 할 차례다.

사랑이 끝난 후
깨닫게 되는 것들

사랑을 보내는 일은 누구에게나 힘들다. 이때는 감정적 대응 대신 지적으로 이해하고자 노력하는 자세가 중요하다. 이것을 정신분석에서는 '지성화'라고 부른다. 지성화는 '큰 그림'을 바라보는 심리치료의 과정이다. 예를 들어 난로 앞에 앉아있으면 '앗, 뜨거워'라는 느낌 때문에 아무것도 생각할 여유가 없다. 그런데 난로가 있는 큰 그림을 바라보면 '아 여기에 난로가 있구나. 그래서 내가 뜨거웠던 거구나' 하고 전체적인 상황의 맥락을 이해하게 된다.

지성화의 시간을 가지면 연애 실패의 패턴을 찾을 수 있다. '안에서 새는 바가지가 밖에서도 샌다'는 속담을 들어본 적이 있는가? 관계도 마찬가지다. 평소 인간관계 내에서 '해결되지 않은 과제', 혹은 '반복해서 일어나는 갈등'의 원인을 해결하지 않으면 건강한 연애도 힘들어진다.

일반적으로 가족과 나의 관계가 남자친구와의 관계에 투영되는 경우가 많다. 집에 남동생이나 오빠가 있다면 남자 형제와 자신이 어떻게 지내는지 되돌아보라. 남자 형제들과 맺는 관계가 고스란히 남자 친구와의 관계에 적용됨을 깨닫게 될 것이다. 형제들과 경쟁하면 남자 친구와도 경쟁한다. 반대로 남자 형제에게 의존하면 애인에게도 의존한다.

사랑은 관계라는 커다란 카테고리의 하위 개념이다. 다른 사람과의 관계를 잘 이끄는 사람이 연애도 잘하는 법이다. 대상이 달라진다고 해서 '미숙한 모습'이 사라지는 것은 아니다. 애도 기간에는 이처럼 관계의 패턴이나 나의 미숙함에 주목해보자. 패턴에서 발견되는 미숙함은 자아의 일그러진 모습이자 다음 사랑도 어렵게 만드는 복선이다.

패턴을 알면 다음에 벌어질 일도 알 수 있다. 사랑하는 대상을 잃을 정도의 갈등 요인이라면 다음 사랑이 오기 전에 짚고 넘어갈 필요가 있다. 왜 자신의 문제점을 알면서도 그냥 넘어가는가? 애도 기간은 지금의 사랑을 놓는 시간인 동시에 '다음 사랑을 준비하는 바탕'을 만드는 기간이기도 하다.

#이별할_때는_마음껏_더_아파하라

서툰 선택이
서툰 이별을 만든다

버림받았다는 느낌을 들게 하지 마라

이별의 상처는 물리적이다. 어제까지 내 심장의 주인이던 사람이 심장을 떼어가는 일이기 때문이다. 합의하에 이별하는 것도 마음이 아픈데 일방적인 통보라면 어떨까? 사랑은 동시에 시작할 수 있지만, 이별은 그럴 수 없다. 먼저 사랑을 놓는 쪽이 생겨나고, 상대방은 그것을 뒤늦게 따라야 한다. 상대방의 결정에 따라야 하는 쪽은 말로 형언할 수 없을 만큼의 배신감과 상실감을 경험할 수밖에 없다.

연애는 시작도 끝도 둘이 하는 것이다. 사랑은 함께했으면서 이별은 상대방 혼자 감당하라는 것은 자기중심적인 사고방식이다. 이별도 사랑이다. 사귀는 동안에도 사랑의 정도에 차이가 나듯, 이별 후에도 상대를 보내는 시간에 차이가 난다. 본인은 애도 기간이 끝났어도 상대는 진행 중일 수 있으므로 가능하면 자신의 사생활을 온·오프라인 상에 노출하지 마라. 그것이 한때나마 사랑했던 사람에 대한 최소한의 예의다.

찼든, 차였든 이별한 날은 양쪽 모두 예민할 수밖에 없다. 그러니 이별 장소와 시간에 대해 상대를 배려하는 모습을 보이는 것이 좋다. 밤보다 대낮에 이별하는 것이 좋고, 사람이 많거나 탁 트인 장소에서 만나는 게 좋다. 밝고 사람이 많은 곳에서는 서로 분노를 조절하게 되어 있다. 만나서 이야기할 때는 "넌 참 좋은 사람이지만 내게 과분하다"거나 "네 잘못이 아니라 내 문제니까 좋게 이별하자"는 식으로 이야기를 꺼내라. 절대로 '버림받았다'고 느끼게 해서는 안 된다.

이별을 잘하는 사람이
사랑도 잘한다

　회피, 일방적 통보, 갑작스러운 버림은 최악의 이별 매너다. 가끔 수동적인 사람의 경우 문자나 전화를 피하면서 SNS로 이별을 암시하는 경우가 있다. 헤어지는 마당에 상대방의 감정까지 고려해야 하느냐고? '좋은 이별'은 자신을 위해서 하는 것이다. 이별을 잘하는 사람이 사랑도 잘한다.

　사랑은 책임감 있고 성숙한 두 성인이 자아의 경계를 풀고 서로의 비밀을 공유하며 감정을 나누는 과정이다. 때로는 자아의 경계를 해제할 만큼 자신을 송두리째 상대에게 드러내기도 하고, 상대의 모습이 거울처럼 비춰지기도 한다. 사랑하는 동안 친밀한 감정을 교류했다면 그것만으로도 축복이다. 하지만 어떤 사람은 마음을 가지고 놀기도 하고, 외로움을 잊는 도구로만 사용하는 등 연인의 마음을 아프게 한다. 그러고 나면 결국 자신도 상처받는다는 사실을 모르는 것처럼 말이다.

헤어지고 난 뒤 상대에게 "나를 사랑하기는 했나요?"라고 묻기 전에 "나는 그를 정말 사랑한 걸까?"라는 질문을 먼저 던져보기를 바란다.

#연애는_시작도_끝도_둘이_하는_것이다

6장

잃는 것에 민감하고,
얻는 것에 둔감한
당신을 위한 심리 처방전

#취업 #일 #성공 #멘토 #재능

가장 견디기 힘든 성공은
가장 가까운 친구의 성공이다

관심받기 위해 떼쓰지 마라

   나는 정신과 의사치고 성격이 급한 편이다. 예전에는 고쳐야 할 결점이라고 생각했는데, 어느 순간 이게 내 장점일 수도 있겠다는 생각이 들었다. 급한 성격 덕에 내담자의 살이 빠지지 않는 꼴을 못 보니까. 주치의의 독촉은 내담자에게 자극이 된다. 그만큼 성과도 빨리 나오게 되어 있다. 성격이 급해 일 처리에 깊이가 없다는 '약점'도 있지만, 주어진 과제를 바로 처리한다는 '강점'도 있는 셈이다.

사람의 성격은 기본적으로 동전의 양면과 같다. 나쁜 점이 있으면 좋은 점도 있다. 모든 성격이 마찬가지다. 결점에만 집중해 '성격 때문에 이번 일도 망쳤어', '역시 나는 되는 게 하나도 없어'라며 나쁜 쪽으로만 생각하면 성격의 긍정적인 측면과 만날 수 없다. 그렇다면 어떻게 해야 성격의 약점을 보완하고 강점을 강화할 수 있을까?

누구나 가지고 태어난 강점이 있다. 다른 사람과 바꿀 수 없는 자신만의 재능Uniqueness이랄까. 가만히 있으면 이 같은 강점을 찾는 것은 불가능하니 '나만의 강점'을 찾는 시간이 꼭 필요하다. 물론 특별히 노력하지 않아도 자기 강점을 찾은 사람이 있을 수는 있다. 하지만 잘 자라는 화분이라도 물을 주고 빛을 줘야 건강하게 성장할 수 있다는 사실을 기억해야 한다.

강점은 꾸준한 관리가 필요하다. 내버려둬도 알아서 발전할 것이라고 기대해서는 안 된다. 같은 맥락으로, 어떤 일에서 한두 번 재능을 발휘했다고 그것이 자신의 강점이라고 생각해서는 안 된다. 진정한 강점은 한두 번이 아니라 이후로도 계속해서 같은 수준으로 발휘되어야 한다.

나는 사람들에게 약점을 보완하려 애쓰는 대신 강점을 강화하려 노력하라고 말한다. 모름지기 내 것이 있으면 질투심이 생기지 않는 법이다. 한창 타인과 스스로를 비교하고 자신의 위치를 확인하는 20대에는 강점을 키움으로써 비교 대상에 대한 질투나 불안감을 해소할 수 있다.

알랭 드 보통은 《불안》이라는 책에서 이렇게 말했다.

"우리에게 가장 견디기 힘든 성공은 가까운 친구의 성공이다."

알랭 드 보통의 말처럼 잘나가는 친구 또는 지인 때문에 자괴감에 빠져 있는가? 그럼 스스로에게 질문해보자.

"나의 강점이 무엇인가?"

질투, 비교, 시기의 원인은 근본적으로 내 마음에 있다. 부정적인 감정은 '나는 아무것도 가지고 있지 않다'는 열등감에서 시작된다. 잘난 주변인은 그저 나를 자극하는 '계기'였을 뿐이다. 그러니 질투하느라 에너지를 낭비하지 말고 힘을 내서 자신의 강점을 발견하려 애써보자.

강점을 발견하는 두 가지 방법

"친구랑 만나서 드라마 이야기만 하지 말고, 서로의 강점에 대해 대화해보세요. 왜 남의 이야기만 해요."

본인의 강점이 잘 모르겠다고 말한 20대 여성 내담자에게 내준 숙제다. 본인의 강점을 알고 싶다면 나를 오랫동안 알고 지낸 주변인들에게 직접 물어보자. 반복적으로 잘해온 일이 있다면 주변 사람들이 잘 알고 있을 가능성이 높다. 3명의 지인에게만 물어봐도 금세 '나만의 강점'을 발견할 수 있을 것이다. 평소 자신이 생각해온 강점을 짚어줄 수도 있고, 전혀 생각지 못한 강점을 말해줄 수도 있다.

지인들이 짚어준 강점이 평소 내가 생각해온 강점과 같든 같지 않든 자신의 강점을 파악하는 것만으로도 인생을 살아가는 데 큰 도움이 된다. 내 것이 있다고 판단되는 상황에서 다른 사람을 바라보는 것과 그렇지 않은 상황에서 바라보는 것은 심리적으로 현격한 차이가 있기 때문이다. 거기에 대한 반응도 달라질 수밖에 없다.

지인들에게 강점을 물어보기가 쑥스럽다면 아래 질문에 대답해보는 것도 좋은 방법이다.

- 내가 잘하는 일은 무엇인가?
- 내가 좋아하는 일은 무엇인가?
- 그 일을 통해 나와 남들이 기뻐하는가?

특히 20대는 강점이든 약점이든 아직 덜 자란 상태다. 눈에 띄는 강점을 발견하지 못했다고 좌절할 필요가 없다. 대신 자신의 강점이 무엇인지 알아차리려고 꾸준히 노력해야 한다. 이번 주를 '강점을 발견하는 주간'이라고 정해놓고 나만의 영재성Giftedness을 찾는 시간을 가져보자.

이기는 습관 만들기

진짜 고수는 처음부터 이기는 싸움을 한다. 자신과의 싸움을 벌일 때도 마찬가지다. 강점에 집중하는 것이야말로 이기는 싸움이다. 약점 보완에 먼저 시간과 에너지를 쏟으면 그 과정에서 약점 말고는 아무것도 생각하지 못하게 될 가능성이 있다. 처음에는 아주 작은 약점이었는데, 거기에 집중하다 보니 강점이 가려질 정도로 커져버리는 것이다.

강점 발굴부터 시작하면 저절로 자신감이 생긴다. 자신감이 생기면서 자아가 건강해지면 어떤 약점과 만나도 흔들리지 않을 수 있다. 유능감이 생겨나 '미래의 인생 살림'을 해나가는 데도 유용하다. 대부분의 사람이 타인의 평가에 일희일비하기 때문에 강점을 키우는 일이 약점 보완보다 훨씬 중요하다.

약점 보완은 40대부터 시작하는 것이 좋다. 20~30대는 인생이 어떻게 흘러갈지 알 수 없기 때문에 약점을 보완해야 할 이유도 빈약하다. 그래서 '나는 이런 성격을 고칠 거야!'라고 결심했다가도 작심삼일로 끝나는 경우가 많다. 이에 비해 40대는 그동안의 삶에 비추어서 자기 성격의 약점이 인생에 어떤 식으로 영향을 미치는지 알고 있다. 20대에 비해 삶이 안정되고 여유도 있으니 약점을 인정하는 것도 상대적으로 수월하다.

당신의 실력은 결코 우연이 아니다

약점과 강점은 동전의 양면과 같다. 예를 들어 내가 가만히 못 있고 산만한 성격이라면, 다른 한편으로는 활동적이고 멀티태스킹을 하는 사람이라고 할 수 있다.

한국 전쟁의 종군 기자로 활약한 마가렛 버크화이트는 세계 최초의 여성 종군 기자다. 그녀가 활약하던 시기에는 여자라는 것 자체가 결함이자 약점이었다.

"사진 기자를 하고 싶지만 여자들은 바지를 입지도 않고 무거운 카메라를 짊어지고 다니기에는 몸도 너무 약해. 나는 사진 기자를 할 수 없어."

이렇게 투덜거린다고 해도 아무도 뭐라고 하지 않았을 것이다. 카메라가 요즘처럼 가볍지 않았기 때문에 실질적으로 여성이 사진 기자를 하는 데 상당한 제약이 있을 수밖에 없었다. 그러나 그녀는 암살되기 전 간디의 마지막 모습을 담고, 세계 최초로 스탈린의 모습을 촬영하는 등 사진 기자의 역사를 새롭게 써내려갔다.

"나의 경력과 삶은 우연이 아니다."

마가렛 버크화이트의 말이다. 그녀는 여자라는 약점과 2차 세계 대전이라는 시대적인 고난을 강점으로 역전시킨 진정한 의미의 여성 리더다.

마가렛 버크화이트는 '여성'이라는 약점을 그저 하나의 특징으로만 간주했을 가능성이 높다. '이것은 강점이니 이런 상황에서는 살리고, 저것은 약점이니 보완해야겠다'가 아니라, 강점과 약점을 통합해 사고한 것이다. 강점과 약점을 구분하지 않고 나를 이루는 중요한 요소로 생각하는 마음, 이것이야말로 가장 성숙한 자세인지도 모른다.

#내_것이_있으면_질투심이_생기지_않는_법이다

지금 하지 않으면
언제 할지 모른다

한 가지 일에
몰두해도 되는 자유

우리 클리닉의 자존감 프로그램은 자아정체성 확립, 진로 적성 찾기, 직업 선택순으로 진행된다. '나는 어떤 사람인가?'에 답하면서 자아정체성을 발견하고, '내가 무엇을할 때 가장 즐거운가?'에 답하면서 적성을 찾으며, '강점을 살리는 직업이 무엇인가?'에 답하면서 프로그램을 마무리한다. 프로그램의 마무리가 직업이라고 하니 누군가말했다.

"기승전업(起承轉業)이네요."

취업은 자신에 대해 깨닫고, 그에 맞는 직업이 무엇인지에 대해 알고 난 다음에 해야 한다. 취업한 다음 고민을 시작하면 혼란스러울 수밖에 없다. 입사 후 1년도 안 되어 퇴사하는 친구들을 보면 만족스럽지 못한 연봉과 복지 수준에 대한 불만 외에도 '평생 이 일을 하면서 살아야 하나', '이 일을 하려고 스펙 쌓은 게 아닌데' 같은 고민을 하는 경우가 많다. 그래서 취업 전 자기 자신에 대해 고민할 필요가 있다.

나는 20대에 반드시 자기 자신에 대해 생각하는 시간을 가지라고 이야기한다. 20대에는 '한 가지 일에만 몰두해도 되는 자유'가 허락된다. 이때는 사랑에만 몰두해도 용서되고, 하루 종일 영어 공부에만 매달려도 칭찬을 받는다. '나에 대한 깊은 이해'를 하기에 최적의 시기다. 아니, 20대가 아니면 나에 대해 생각하고 공부하는 시간을 가지기가 어렵다. 그러니 이때 스스로에 대해 탐구해야만 한다.

당신이 홀대하는 그 일이
누군가에게는 꿈일 수 있다

진로 고민을 털어놓는 사람들을 보면 자신이 오랫동안 해오던 일이 아니라 완전히 다른 영역에서 꿈을 찾으려 한다. 10대에 미술을 시작했고, 대학도 미술 전공으로 진학한 내담자가 있었다. 그녀는 진로 문제로 한참 고민하다 내게 찾아와 말했다.

"전 그림에 소질이 없는 것 같아요. 다른 일을 해야 하는 건 아닌지 고민이에요."

"따로 하고 싶은 일이 있어요?"

"그런 건 아닌데…… 어렸을 때부터 미술만 해서 잘 모르겠어요. 그냥 막연히 다른 일이 저랑 맞을 수도 있다는 생각이 들어요."

"지금은 미술이 내게 맞는지 안 맞는지 확인하는 시간이지, 그걸 포기해야 할 때가 아니지 않을까요?"

부모님 성화에 떠밀리듯 학교 선생님이나 공무원이 되었는데 적성에 맞지 않아 고민 중인가? 어릴 때부터 해오던 일이라 그냥 하고 있는 것인가? 적성에는 맞지 않지만 전공이라는 이유로 끌려가고 있는 것은 아닌가? 다른 사람 때문에 억지로 시작했다거나, 하다 보니 하게 됐다는 식으로 이야기하면 자신의 일에서 의미를 발견하기가 어렵다. 스스로 자기 일을 홀대하는데, 누가 인정해주겠는가?

진로를 자발적으로 선택해야만 의미가 있는 것은 아니다. 모든 일에는 지금 내가 아는 것보다 더 큰 보람과 의미가 숨어 있다. 막연하게나마 지금 하는 일을 계속하게 될 것 같은 기분이 들면 숨은 의미를 발견하고 성장하는 기쁨을 누려보자. 남에게 자랑할 만한 일이 아니라도 괜찮다. 어제와 다른 나를 만드는 일이라면 그걸로 충분하다.

'꿈'이라는 단어에 꼭 '열정'이 수반되어야 한다고 믿는 사람들이 있는데, 나는 그렇게 생각하지 않는다. 나 역시 정신과가 너무 좋아서 선택한 것은 아니었다. 그저 싫지 않았고, 잘할 자신이 있었을 뿐이다.

하고 싶은 일을 하는 것도 중요하지만, 잘하는 일을 하는 것도 중요하다. 잘하는 일을 해야 지속적으로 '덜 힘들게' 그 일을 해나갈 수 있다. '하고 싶은 일에 대한 열정과 설렘'이라는 판타지를 버려라. 꼭 가슴이 뛰고, 이 일이 아니면 안 될 것 같은 꿈만이 꿈이 아니다. 싫지 않고, 본인이 잘할 수 있다면 그것으로도 이미 훌륭한 목표고, 꿈이다. 잊지 말자. 누군가에게는 당신이 지금 하고 있는 일이 평생 꿈인지도 모른다.

불신과 확신 사이

"꿈을 가져라."

성공한 리더의 강연을 보거나 책을 읽으면 빠지지 않고 등장하는 말이다. 좋은 말이고 필요한 조언이지만, 어쩐지 이런 지침과 마주칠 때마다 현재 하는 일을 때려치우고 대단한 걸 찾아야 할 것 같은 기분이 든다. 에베레스트 등반 같은 목표를 세우고 거기에 인생을 바쳐야 할 것 같은 기분이랄까.

당장 학자금을 갚아야 하고, 취업 준비에 들어갈 비용을 치러야 하는 요즘 친구들에게 에베레스트처럼 높은 이상을 세우라는 말은 아예 꿈꾸지 말라는 말과 같다. 현실이 받쳐준다면 어느 젊음이 열정을 갖고 도전하고 싶지 않겠는가?

열정만 강조하는 문화는 대다수 사람에게 현재 하는 일의 가치를 발견하지 못하게 만든다. 자신이 원하던 직업을 가진 사람들은 일찌감치 직업의 의미를 점검했을 테니 '내 직업에 무슨 가치가 있지?'라고 생각하지 않을 테지만, 어영부영 직업을 선택한 사람들은 자신의 일에 무슨 의미가 있는지 확신하지 못한다.

일상을 견디는 삶도 에베레스트 산을 정복하는 것만큼 위대하다. 장기나 바둑에서 으뜸가는 사람을 국수(國手)라고 칭하는데, 우리나라에서는 조훈현 바둑기사가 유일한 국수다. 그런 사람도 자신의 책에서 "먹고사는 생계의 문제가 꿈보다 우선되어야 한다"고 말했다.

꿈은 판타지가 아니라 밥그릇이어야 한다. 지금 하는 일이 원래 내 꿈이 아니었다고 해도 절대 무의미한 것은 아니다. 위대한 도전을 강요하는 문화는 먹고살기 위해 직업을 택한 사람들에게 자칫 자책감을 심어줄 수 있다. 꿈이 없는 것은 잘못이 아니다. 꼭 꿈이 있어야만 성공하는 것도 아니고 말이다. 성공한 사람들은 성공할 수밖에 없는 환경을 만들었기에 지금의 자리에 있는 것이다. 꿈꾸었기 때문에 성공한 것이 아니라는 이야기다.

시작은 언제나 옳다

할리우드의 배우 나탈리 포트만은 2015년 하버드 대학교의 졸업 축사에서 다음과 같은 말을 했다.

"하버드를 졸업한 지 10년이 지났음에도 제 가치에 대한 확신을 갖지 못하겠어요. 이곳에 어울릴 만큼 똑똑한지도 잘 모르겠고요."

나탈리 포트만은 이 자리에서 자신이 하버드 대학교 심리학과에 입학한 이유가 가족들에게 연기자라는 직업을 인정받고 싶었기 때문이라고 고백했다. 학자가 많은 집안에서 태어났기 때문에 연기자라는 직업이 진지하게 여겨지지 못할까 봐 걱정이 많았다고 말이다.

나는 나탈리 포트만의 졸업 축사를 보고 '존재 증명'을 위해 명문대 또는 대기업에 들어가고자 하는 우리나라 청년들을 떠올렸다. 어떤 사람은 존재 증명을 위해 진로를 계획하는 청춘을 '생각 없는 놈'이라고 몰아세우기도 한다.

"가족들에게 잘 보이려고 입사원서를 쓴다니, 너는 꿈도 없니?"

"청춘이 줏대도 없어가지고."

그런 사람들에게 묻고 싶다. 왜 성장의 씨앗을 꼭 자신이 살아온 환경 밖에서 찾아야 하는 것이냐고. 가족에게 자랑스럽고 싶어서, 여자 친구에게 잘 보이고 싶어서 진로를 계획하는 게 속물스러운가? 세속적인가? 만약 위와 같은 비난에 위축되는 사람이 있다면 이렇게 말해주고 싶다.

"선택의 이유가 무엇이든, 선택했다면 자신만의 가치를 실현하기 위해 노력하라."

열정을 지니고 도전하지 않았다고 자책할 필요는 없다. 직업을 얻고 나서 '확인하는 시간'을 갖고, 조정이 필요하다면 그때 하면 된다. 뭐 하러 스스로를 괴롭히는가? 누구에게나 시행착오를 통해 내 것과 아닌 것을 분류하는 시간은 필요하다. 그저 남에게 잘 보이고 싶어 선택한 직업이라도, 그 안에서 의미를 발견하고 차곡차곡 실력을 쌓는다면 내 삶의 일부가 되는 것이다. 인생의 주체는 나 자신이어야 한다. 제대로 저지르고 용감하게 실수하자. 젊음이라는 자본은 그렇게 사용하라고 있는 것이다.

시작은, 언제나 옳다.

#일상을_견디는_삶도_도전하는_삶만큼_위대하다

당신은 미래의 모습을
가졌는가?

갖고 싶은 5년 후 모습을 그려라

"3년 전이면 제가 서른둘일 때예요. 그때는 몰랐어요. 30대 초반과 중반이 다르다는 걸."

"그거 아세요? 오늘은 3년 후에 혜정 씨가 그토록 갖고 싶어 할 날이라는 거."

"진짜 그렇네요. 3년 후면 서른여덟이니 그땐 또 30대 중반을 그리워하겠죠."

"오늘을 사세요. 그래야 이 좋은 날을 놓치지 않을 수 있어요."

혜정 씨는 늘 현재의 나이를 최고령으로 취급하는 경향이 있었다. 혜정 씨 같은 성향의 여성들에게는 한 가지 공통점이 있다. 또래에 비해 '성장에 대한 욕구'가 상당히 높다는 것이다. 그녀들은 하고 싶은 것도 많고, 갖고 싶은 것도 많으니 시간 가는 것이 아쉽기만 하다.

"당신은 미래의 모습을 가졌는가?"

나는 성장에 관심 많은 여성을 만나면 이와 같은 질문을 한다. 성장의 시제는 미래다. 계속해서 앞으로 나아가고 싶어서 성장을 원하는 것이기 때문이다. 그렇다면 사다리를 밟고 올라가듯 각 단계마다 '갖고 싶은 내 모습'이 있어야 한다. 1년 후, 3년 후, 5년 후……. 서른이 되었을 때, 서른다섯이 되었을 때, 마흔이 되었을 때 자신이 원하는 모습을 그려야 한다. 과장되고 허황된 모습이어도 상관없다. 내가 내 모습을 상상하는데 누가 뭐라고 하겠는가?

대인 관계나 회사생활도 마찬가지다. 남자 친구, 배우자와의 3년 후, 5년 후 모습을 심상화한 뒤 대화를 나눠보자. 5년 후 회사의 오너가 될 수 있을까? 원하는 부서로 발령받을 수 있을까? 자신의 모습을 단계적으로 그려보면 자신이 진짜 원하는 게 무엇인지, 그것을 얻기 위해 어떤 노력을 기울여야 하는지 알 수 있다.

이 같은 그림이 그려지지 않는다면 인생의 롤 모델, 즉 멘토를 찾아서 직접 이야기를 듣거나 각종 자료를 통해 멘토의 삶을 역추적하는 것도 좋다. 대신 명품을 따라 사고 똑같은 립스틱을 바른다고 해서 그 사람이 되는 것이 아니라는 사실은 잊지 말자. 우리가 배워야 하는 것은 삶의 가치관을 준비하는 태도지, 겉모습이 아니다.

누군가의 아류가 아닌
진짜가 되는 법

멘토가 없다는 건 내비게이션을 찍지 않고 운전하는 것과 같다. 이왕 떠나는 길이라면 목적지 주소와 표지판을 명확히 가지고 출발하는 게 좋지 않은가? 어떤 사람을 멘토로 삼아야 할지 모르겠다면, 앞으로 나아가고 싶은 분야와 산업에서 활약하는 사람들을 잘 살펴보라. 나의 멘토가 내 나이 때 무슨 일을 했고, 어떤 단계를 거쳐 지금의 자리에 올랐는지 알아보면 지금 해야 할 일이 보다 명확해진다.

멘토를 찾아서 의견을 구하라고 하면 많은 사람이 망설인다.

"제 멘토는 너무 유명하고 바쁜 분이라…… 저를 만나주지 않을 것 같아요."

'그럴 수 있겠구나'라고 생각했기 때문에 나도 멘토를 구하라는 이야기를 그렇게 강조하지는 않았다. 그러던 어느 날, 진료실에 모르는 여학생이 찾아왔다. 평소처럼 상담을 진행하는데 대화를 나눠보니 환자가 아니었다. 그녀는 자신이 현재 의대생이며, 내가 자신의 멘토라서 찾아왔다고 말했다.

처음 하는 경험이라 당황스러웠지만, 나 역시 누군가의 조언을 구하기 위해 발품을 판 적이 있기에 도와주고 싶었다. '이 친구는 자신이 원하는 게 무엇인지 고민하고 용기를 냈구나. 하나라도 도움이 되는 조언을 해줘야겠다'라는 생각에 어떤 질문이든 적극적으로 대답했다.

다른 사람도 나와 다르지 않을 것이다. 설사 바빠서 시간을 내지 못하더라도, 전화 통화나 메일로라도 답변을 해줄 것이다. 만약 답변을 받지 못하더라도, 솔직히 손해 볼 건 없지 않은가? 용기를 내기까지가 힘들 뿐이지, 일단 용기를 내고 나면 별것 아니라는 사실을 알게 된다.

젊음이라는 이름의 자본

보영 씨는 말했다.

"저도 선생님처럼 정신과 의사를 하면서 방송 출연도 하고, 책도 쓰고 싶어요."

"보영 씨는 저보다 훨씬 나아요. 목표를 알고 있잖아요. 전 보영 씨 나이에 목표가 없었어요."

내 대답에 보영 씨가 물었다.

"선생님은 커리어를 쌓는 과정에서 무엇을 가장 중요하게 여겼어요?"

"진로의 선택 기준이요? 전 다른 사람이 추천하는 길보다 '나는 무엇을 좋아하는가?'를 기준으로 삼았어요. 가령 전공을 택할 때도 당시 대세였던 피부과보다 기피 전공이던 정신과를 택했어요. 잘할 수 있는 분야라고 생각했거든요. 내가 잘해야 재미도 있으니까."

"왜 피부과는 별로셨어요?"

"신체 해부나 실습을 좋아하지 않았어요. 피부과에 가면 세균 조직을 현미경으로 들여다보는 등 미시적인 업무를 해야 하는데 저와 맞지 않았어요. 반면 정신과는 내담자가 살아온 인생을 듣고 나서 진단을 내리잖아요. 거시적으로 접근하는 일이죠. 이게 저와 잘 맞았어요."

"아, 그러셨군요."

"보영 씨도 자신이 좋아하는 게 뭔지 생각해 보세요. 이것도 시간을 내야 해요."

나는 보영 씨에게 또 다른 조언도 덧붙였다. 다른 개업의와 만나게 되면 무조건 조언을 따르기보다 본인의 상황에 맞게 판단하라는 이야기였다.

보영 씨가 다른 개업의를 찾아가면 아마 이런 말을 듣기 십상일 것이다.

"요즘 개업하면 다 망해. 그냥 취업해."

나는 그렇게 생각하지 않는다. 개업하고 실패하는 사람도 있겠지만, 성공하는 사람도 있을 것이다. 그러니 본인의 성향부터 파악하는 게 중요하다.

결혼도 마찬가지다. 결혼한 사람들은 주변의 싱글들에게 이렇게 말하기를 좋아한다.

"결혼하지 마. 능력 있으면 혼자 살아."

결혼이 주는 이득이 정말 하나도 없으면 뭐하러 그 결혼 생활을 유지하는지 묻고 싶다. 결혼하면 좋은 점에 대해 결혼하면 안 되는 이유와 똑같은 비중으로 들려줘야 진정한 조언 아닌가?

인생 상담이 됐든 커리어 상담이 됐든 멘토와 만나면 그 분야의 단점과 함께 장점도 반드시 물어보라. 모든 인생의 가치는 양면성이 존재하게 마련이다. 가능성을 열어놓고 단점과 장점을 파악한 뒤 나중에 '나는 이 단점을 수용할 준비가 되어 있는가?'를 놓고 의사결정을 하면 된다. 멘토의 조언을 맹목적으로 믿기보다는 자신의 상황에 맞게 응용해보자.

1분의 용기가 인생을 바꾼다

용기가 필요한 일에 망설이다가 포기하는 사람도 있지만, 적극적으로 도전하는 사람도 있다. 보영 씨처럼 말이다. 그녀도 예상할 수 없는 내 반응에 대한 두려움이 있었을 것이다. 그럼에도 내게 찾아와 조언을 구한 것은 두려움을 꾹 누르고 용기를 낸 덕분이다. 앞으로 그녀의 인생은 마법처럼 바뀔 것이다. 망설이다가 포기하는 친구와 용기를 낸 친구가 다른 점은 '용기'뿐이지만(아마도 다른 내적 자원은 대동소이할 것이다), 용기를 낸 친구와 그렇지 않은 친구의 인생은 분명히 달라진다.

멘토를 찾아가는 일에는 상상 이상의 적극성이 필요하다. 이러한 경험은 성장에 절대적으로 도움이 된다. 한 번이라도 자기 삶을 위해 적극성을 발휘한 친구는 나중에 비슷한 상황이 닥쳐도 절대 멈추지 않는다. 그 결과, 소극적인 친구들에 비해 성장에 필요한 가치를 빨리 내면화한다. 눈을 딱 감고, 1분만 용기를 내보자. 그럼 정말 많은 것이 달라질 것이다.

멘토가 해외에 체류하고 있다거나 하는 이유로 직접 찾아가는 것이 힘들다면 인터뷰 기사와 책을 읽어보라. 직접 만난다 하더라도 어차피 책 한 권에 담긴 만큼의 조언을 듣기는 쉽지 않다. 더불어 책 읽기는 혼자만의 시간에 얼마든지 할 수 있는 일이다. 멘토의 강연회에 가보는 것도 좋다. 강연회를 검색해 참석 스케줄을 짜보고, 어떤 질문을 하면 좋을지 고민하다 보면 직접 만나지 못하더라도 멘토의 존재가 어떤 식으로든 인생에 긍정적인 영향력을 발휘한다는 사실을 체감하게 될 것이다.

#용기를_내기까지가_힘들지_
일단_용기를_내고_나면_별것_아니다

더 나은 선택은 존재한다,
반드시

더 자유로워지면,
더욱 행복할 수 있을까?

결혼 전에 내담한 소은 씨는 이렇게 말했다.

"결혼은 하고 싶은데 아이는 낳고 싶지 않아요."

"예비 신랑도 동의하는 내용인가요?"

"네. 오히려 저희 신랑이 아이를 원하지 않아요."

"이런 가정을 해보는 건 어때요? 소은 씨가 마음이 바뀌어서 아이를 갖고 싶은데 가질 수 없는 몸이 됐을 때 후회하지 않을 자신 있어요?"

당장 1초 후에도 생각이 바뀔 수 있는 주제가 결혼과 출산이다. 그래서 나는 이런 고민을 하는 사람을 만나면 선택이 불가능하다고 가정해보고 다시 고민할 것을 권한다.

결혼과 출산 모두 원하는 때에 이뤄지면 좋겠지만 현실적으로 이는 매우 어렵다. 많은 사람이 자녀 계획을 결혼 후 생각하는데, 오히려 아이 문제는 싱글일 때 계획하는 것이 바람직하다. 출산이나 양육이 현실적인 문제가 아닐 때 미리 생각해두는 것이 좋다는 뜻이다. 구체적으로 무엇을 고민해야 할지 막막하다면 아이를 낳음으로써 희생해야 할 것과 아이를 갖지 않음으로써 발생할 문제들을 생각해봐라.

40대 희영 씨는 아이를 낳지 않았다. 그녀는 육아로 인한 희생에 대한 두려움이 컸다고 했다. 마침 남편도 아이를 원하지 않아서 둘만 살았는데, 지금은 아이를 낳지 않은 것에 후회가 깊다. 젊은 시절에는 하찮게 느껴지거나 삶에서 차지하는 비중이 낮은 일들이, 나이가 들면 소중하게 느껴지기도 한다. 생의 중심축 이동과 더불어 생기는 가치관의 변화 때문이다. 희영 씨에게는 아이 문제가 그런 것이다.

세상이 변했다는 말로, 남들도 아이를 낳지 않고 산다는 말로 이에 대한 고민을 외면하지 마라. 외면한다고 문제가 사라지는 것은 아니다. 깊이 있는 고민을 하지 않는다면, 이 문제는 언젠가 용수철 달린 인형처럼 다시 튀어나온다. 아이처럼 '생리적인 한계'가 확실히 존재하는 문제에 대해서는 진지하게 생각해볼 필요가 있다.

아이를 갖는 대신 일에 몰두하면, 싱글 여성과 똑같은 대접을 받을 수 있다. 이런 생활도 나쁘지 않다.

반면 아이를 낳으면 어떤 장점이 있을까? 가장 먼저 '여자로서 내가 뭔가를 해냈다'는 성취감을 들 수 있겠다. 한 생명을 낳아 책임을 지는 과정은 지금까지와 전혀 다른 노력과 능력이 요구된다. 혼자 힘으로 다른 사람을 돌볼 수 있다는 것만으로도 자기 자신이 꽤 근사한 사람으로 느껴진다.

누구나 가질 수 없는 삶이 있다

정신분석학에서는 세 살까지 아이의 자존감, 인성, 관계를 맺는 지혜 등이 만들어진다고 본다. 이론적으로 보면 최소 3년은 엄마와 아이가 강한 애착관계를 형성해야 한다. 하지만 3년간의 육아 휴직을 보장해주는 직업은 많지 않다. 이러한 현실적인 이유로 많은 여성이 직장을 그만두고 육아에 매달린다. 문제는 그다음이다. 아이 양육에 걸리는 시간은 10년, 그 후 당신은 무엇을 할 것인가? 아이를 보살피는 일 못지않게 자기 인생을 사는 것도 중요하다.

나는 육아에 집중하는 것도, 커리어에 집중하는 것도 옳다고 생각한다. 이건 선택의 문제지, 시비의 문제가 아니다. '나는 아이가 있는데 직장생활이 하고 싶다' 또는 '나는 일하는 여자인데 아이 키우면서 편하게 살고 싶다'고 생각하며 반대편의 인생을 부러워하지 말자. 그 어떤 선택에도 희생은 따르기 마련이다. 자기 인생에서 행복과 의미를 찾아야지 건너편 인생을 부러워하면 행복할 수 없다.

무슨 선택이든 주체적으로 하는 것과 떠밀려서 하는 것은 차이가 크다. 특히 아이 문제는 곧 결혼 이후의 삶과 맞물린다. 싱글일 때 이 문제에 대해 고민해보라. 답을 찾으라는 것이 아니다. 내 말은 타인이 하자는 대로, 마치 남의 인생 구경하듯이 관조하는 태도를 갖지 말라는 것이다.

슬로바키아 속담 중 '겨울이 묻는 날이 있을 것이다. 여름에 무엇을 했느냐고'라는 말이 있다. 겨울을 나기 위해 미리 준비해야 할 것들을 생각하면, 선택의 방향도 달라진다. 여름에 준비하면 가을을 살아가는 태도가 달라지고 당연히 따뜻한 겨울을 날 수 있지만, 가을에서야 준비를 시작하면 많은 것을 놓치게 된다.

친구들 중 갖고 있는 자원이나 들이는 노력에 비해 '하는 일마다 잘 풀린다'라는 생각이 들게 하는 사람이 있을 것이다. 이처럼 일이 술술 풀리는 유형들은 '선택을 자기 주도적'으로 하는 특성이 있다. 자기 기준이 확실하기 때문에 기회가 왔을 때 한 치의 망설임도 없이 밀어붙일 수 있다. 평소 자기 인생에 대해 생각해뒀기에 가질 수 있는 확신이다. 여러분도 이런 삶의 태도를 자기 것으로 가져가길 바란다.

#선택함으로써_얻을_것과_희생할_것을_생각해보라

일으키는 재능 VS.
유지하는 재능

모든 재능은 '자기다움'에서 시작된다

성장, 성취, 성공은 많은 사람이 지향하는 가치 중 하나다. 성공이 결과Output와 관련된 거라면 성장은 과정Doing과 관련되어 있다. 성취는 성공과 성장 사이에 놓여 있다. 자잘한 성공과 성장이 모여 성취라는 결실을 맺도록 도와준다.

이 세 가지를 갖기 위해서는 자신의 잠재된 능력, 즉 재능에 대해 파악하고 있어야 한다. 재능이라고 하니 작가, 의사, 예술가 같은 직업만 떠오를지도 모르겠다. 그러나

'일을 대하는 애티튜드'도 재능이다. 일을 대하는 태도에는 크게 두 가지가 있다. 첫 번째는 무에서 유를 창조하는 '일으키는 재능'이다. 다른 하나는 누군가 시작한 일을 잘 '유지하는 재능'이다.

많은 사람이 유지하는 재능을 일으키는 재능보다 과소평가한다. 이것은 잘못된 생각이다. 사람 사이의 인연도 맺는 것보다 유지하는 일이 더욱 중요하듯, 성과가 나오기 위해서는 힘겨운 시간을 견디는 인내심이 중요하다. 인내심은 유지하는 재능을 가진 사람들의 특기이자 성공으로 가는 열쇠다.

일으키는 재능은 일이 시작되는 '처음'에만 필요하고, 유지하는 재능은 매 순간 필요하다. 일으키는 재능만 가졌다면 결코 결실을 맺을 수 없다. 본인이 일으키는 재능이든 유지하는 재능이든 어느 한쪽만 갖고 있다면 반대쪽 재능을 가진 사람을 파트너로 둬서 조화를 이뤄나가야 한다.

"매일 시키는 일이나 하고…… 내가 회사의 부속품처럼 느껴져요."

나는 이렇게 말하는 사람들에게 "나는 유지하는 재능이

뛰어나 남들이 하기 힘든 일도 잘 마무리한다"고 생각을 바꾸라고 조언한다.

안전선 밖으로 나가라

미우치아 프라다Miuccia Prada. 이름만으로도 여심을 흔드는 그녀 역시 처음부터 패션에 관심을 가진 것이 아니었다. 프라다는 원래 대학에서 정치학을 전공했지만, 외할아버지가 힘들게 초석을 다져놓은 기업을 아버지가 파산 직전으로 몰고 가자 가업을 이어받았다.

오늘 우리가 알고 있는 프라다 가방은 1980년대에 탄생했다. 프라다는 기업을 승계 받자마자 값비싼 가죽을 버리고 텐트에 쓰이는 나일론 소재의 방수 천을 가방의 소재로 사용했다. 프라다는 무겁지만 품격이 넘치는 가방에서 가벼우면서도 실용적인 가방으로 콘셉트를 완전히 바꿨다. 파격적인 일이었다. 사람들은 그동안 잊고 있던 실용성에 환호했으며 그 덕분에 다 쓰러져 가던 프라다 그룹은 오늘날의 위용을 갖출 수 있었다. 이런 점에서 프라다는 일으키는 재능과 유지하는 재능을 함께 가진 사람이라고 볼 수 있다.

몇 달 전, 영희 씨는 내담해서 이런 고민을 털어놓았다.

"부모님은 제가 작은 회사만 선호한대요. 근데 전 대기업에 가서 무명인으로 살고 싶지 않아요."

현재 그녀는 핸드메이드 건강 음료를 파는 사업가로 변모했다. 어른들은 세상물정 모른다며 영희 씨를 걱정할지 모르지만, 내 눈에는 영희 씨가 일으키는 재능을 가진 멋진 리더로 보였다. 영희 씨는 평수는 좁지만 자기 가게를 냈다는 사실에 재미를 느꼈고, 6개월 만에 자리도 잡았다. 그녀의 선택은 인생에 옳고 그름이 없으며, 스스로 삶의 기준이 되는 법을 말해주고 있다.

전시용 꿈은 버려라

'누가 빨리 가느냐?'보다 '누가 더 오래 견디느냐?'가 인생의 성패를 결정한다. 나는 개업한 병원도 접고 서른다섯에 미국으로 유학을 떠났다. 병원이 안정될 즈음 결정한 유학이었다. 망설임이 아예 없었다고는 할 수 없지만, 마침 믿을 만한 대학 동기가 병원에 관심을 보여 인계해준 뒤 마음 편히 떠날 수 있었다. 동기는 아직도 병원을 잘 운영하고 있다. 이런 것이 바로 유지하는 재능이다. 이 밖에도 한 회사에 들어가서 장기 근속하는 사람, 상사가 시키는 업무를 마무리하는 사람 모두 유지하는 재능을 가졌다고 볼 수 있다.

우리 사회는 반짝반짝 빛나지 않으면 안 된다는 강박에 걸린 듯하다. 그 탓인지 대부분의 여성이 커리어에 대해 갖는 편견이 있다. 스페셜리스트에 대한 막연한 동경이 대표적이다. 멋있는 직업일수록 돈이나 안정된 생활과는 거리가 먼 삶을 산다. 반면, 드러나지 않지만 꾸준하게 일하는 사람이 안정된 삶을 영위하는 경우가 훨씬 많다. 진료실에서 다양한 직업의 사람들과 만나며 어림잡아 낸 통계지만, 전혀 신뢰할 수 없는 이야기는 아닐 것이다.

세상의 속도에 휘둘리지 말고, 타인의 시선에 흔들리지

말자. 그저 내가 갈망하는 것이 무엇인지 고민해보자. 다른 사람보다 1~2년 늦게 시작한다고 뒤처지거나 따라갈 수 없는 시대가 아니다. 오히려 자신의 상황을 생각지 않고 정해진 룰과 법칙을 따라가려는 조급함이 스스로를 뒤처지게 만들 뿐이다.

#누가_빨리_가느냐보다_누가_오래_견디느냐가_인생의_성패를_결정한다

나는 언제나
내가 우선이었다

누적된 시간의 힘

　기초나 토대를 가리키는 '파운데이션Foundation'은 진로 계획에서도 중요한 개념이다. 예를 들어 디자이너라면 콘셉트를 고민하고 시안을 잡는 시간을 파운데이션으로 볼 수 있다. 다른 직업을 가진 사람도 마찬가지다. 일을 해나가는 과정에서 보람을 느끼고 배운 것이 있다면 그게 모두 파운데이션이다. 이러한 시간이 누적되면 굉장히 힘이 커진다. 그렇게 생각하면 인생의 어떤 경험 하나도 버릴 것이 없다.

경기도 양평에는 1세기를 버틴 은행나무가 있는데, 많은 관광객이 은행나무 앞에서 사진을 찍으며 한참 머문다. 100년 된 은행나무가 사람들에게 감동을 주는 것은 화려한 단풍 같은 퍼포먼스 때문이 아니다. 비가 오나 눈이 오나, 100년이나 한곳을 지키고 있었다는 사실이 마음을 감동시키기 때문이다. 이 감동을 느끼기 위해 많은 사람이 은행나무 앞으로 몰리는 것이다.

꿈이나 재능도 마찬가지다. 현재 하는 일이 본인이 원하던 직업, 뛰어난 재능을 보이는 일이 아니더라도 꾸준히 하고 있다면 그것만으로도 충분히 멋지다. 최고의 꿈까지는 아니어도 최적의 꿈을 가진 셈이다.

꿈을 발견하는 것만큼 꿈에 몰입하는 일도 중요하다. 가슴 뛰는 꿈을 찾지 못했다고 좌절하지 말고, 포기하지 않고 한 가지 일을 계속하고 있다는 사실에 후한 점수를 주자. 하루하루 내 일에 의미를 부여하다 보면 어느새 10년 차가 되고 20년 차가 된다. 그때 은행나무에게 느낀 위대함을 자신에게도 느낄 수 있지 않을까?

인생이 목적을 만나게 되는 순간

　어떤 분야든 일가(一家)를 이루려면 적어도 10년이 필요하다. 나도 정신과 의사가 되기 위해 10년 동안 뇌와 정신 공부에 매달렸다. '딱 10년 후 신경 정신 분야의 전문가 내지 권위자가 되자'고 생각하고, 그것을 위해 노력했다. 기간을 짧게 정하지 않으니 자리 잡지 못하는 것에 대한 조급증이 생겨나지 않았고, 남과 비교해 나를 초라한 사람으로 만들 필요도 없었다.

　"남들은 대학병원에 들어가서 떡하니 자리 잡았는데, 넌 지금 불나방처럼 뭐하는 거냐?"

　주변 사람들에게 핀잔을 들어도 그것을 내 문제로 가져오지 않았다. 나는 목표를 향해 노력하는 중이지 실패한 게 아니라는 생각이 외부의 소음을 단절시켜주었다. 남의 말에 상처받지 않는 나만의 전략이었던 셈이다. 그 덕분에 참견하고 훈수 두는 걸 좋아하는 한국 문화에서 '내 자존심과 인생'을 지켜나갈 수 있다.

　《돌아가고 싶은 날들의 풍경》이라는 에세이집을 보면

"신은 모든 이에게 재산을 똑같이 나누어주는 데는 실패했지만 시간이라는 자원을 똑같이 나누어주는 데는 성공했다"는 구절이 나온다. 이 구절처럼, 나는 시간의 힘을 믿는다. 서울대학교를 졸업했든 지방사립대를 졸업했든 '누가 10년을 버티는가?'에 따라서 10년 후 열매의 주인이 결정된다. 아무리 좋은 학교를 나와도 경력이 중간에 단절되면 절대 달콤한 과실의 주인이 될 수 없다. 마찬가지로 지방의 사립대학교를 나와 중소기업에서 시작했다고 해도 10년 동안 쉬지 않고 달려왔다면 그에 합응하는 보상이 주어진다.

자리를 잡지 못한 청춘들에게 대학이라는 브랜드가 갖는 의미는 나도 안다. 스펙을 가지고 경쟁해야 하는 입장에서 "대학은 중요하지 않다"는 말이 위로가 될 수 없다는 사실도 잘 알고 있다. 보통 여자들은 20대 중반에 취업의 문턱을 넘고, 남자들은 20대 후반에서 30대 초반에 취업 시장에 뛰어든다. 다양한 자원이 부족한 결과, 스펙을 가지고 경쟁할 수밖에 없다. 하지만 경력을 쌓고 나름대로 전문성이 생겨나면 어느 순간 대학을 묻지 않는 공간에 도달

할 때가 온다. 누적된 시간이 학력을 이기는 순간이 반드시 온다.

학벌 콤플렉스를 겪는 친구들과 만날 때 나는 장기전으로 가자고 이야기한다. 사회생활을 하면서 획득하는 크고 작은 기회, 인맥, 성과, 정보 등의 자원이 10년이라는 세월과 만나면 학벌 정도는 충분히 극복할 수 있다. 시간은 학력, 부모의 지원 등 모든 걸 극복하게 도와준다. 그러니 부디 자신에게 성장할 수 있는 시간을 주자.

우리는 아무것도 늦지 않았다

가진 게 없으니 잃을 것도 없는 게 청춘이다. 이를 다시 말하면 그 무엇을 시작해도 늦지 않았다는 뜻이다.

'버릴 게 하나도 없다'는 사실만 알아도 도전에 대한 두려움을 덜 수 있다. 출발선에서 남들보다 뒤처진 느낌이 든다고 두려워할 필요가 없다. 공부든 취업이든 연애든 청춘에게 '늦은 일'은 없다. 망설이는 사이에도 시간은 계속 흘러간다. 오늘의 젊음이 평생 유지되지도 않는다. 잠시 쉬어가도 인생에는 큰 지장이 없으니, 내 인생의 가장 젊은 날인 '오늘' 내가 할 수 있는 일을 시작하자.

#나는_목표를_향해_노력하는_중이지_
실패한_게_아니다

KI신서 10744

혼자 잘해주고 상처받지 마라

1판 1쇄 발행 2016년 10월 27일
2판 1쇄 발행 2017년 12월 11일
3판 1쇄 발행 2023년 3월 8일
3판 3쇄 발행 2024년 3월 20일

지은이 유은정
펴낸이 김영곤
펴낸곳 (주)북이십일 21세기북스

인문기획팀장 양으녕 책임편집 이지연
디자인 엘리펀트스위밍
출판마케팅영업본부장 한충희
출판영업팀 최명열 김다운 김도연 권채영
마케팅1팀 남정한 한경화 김신우 강효원
마케팅2팀 나은경 정유진 박보미 백다희 이민재
제작팀 이영민 권경민

출판등록 2000년 5월 6일 제406-2003-061호
주소 (10881) 경기도 파주시 회동길 201(문발동)
대표전화 031-955-2100 팩스 031-955-2151 이메일 book21@book21.co.kr

(주)북이십일 경계를 허무는 콘텐츠 리더

21세기북스 채널에서 도서 정보와 다양한 영상자료, 이벤트를 만나세요!
페이스북 facebook.com/jiinpill21 **포스트** post.naver.com/21c_editors
인스타그램 instagram.com/jiinpill21 **홈페이지** www.book21.com
유튜브 www.youtube.com/book21pub

서울대 가지 않아도 들을 수 있는 명강의! <서가명강>
유튜브, 네이버, 팟캐스트에서 '서가명강'을 검색해 보세요!

© 유은정, 2023
ISBN 978-89-509-9291-0 03320